초등·중학교 사용설명서

학부모 119

초등·중학교 사용설명서

학부모
119

서현경, 조은주 지음

한국경제신문*i*

프롤로그 01

입시만 따로 떨어진
교육은 없다

아이들을 잘 키우고 싶다. 인성이 좋은 아이, 공부 잘하는 아이, 발표 잘하는 아이, 음악 미술 체육 모두 잘하는 아이, 학교생활을 잘하는 아이로 키우고 싶다. 그러나 이 모든 면에서 아이가 두각을 나타내기란 쉽지 않다. 학업 면에서 두각을 나타내더라도 인성이나 건강에 문제가 생긴다면 그 결과는 부모가 원하는 방향이 아닐 것이다. 학부모들의 고민은 더 깊어질 수밖에 없다. 학교에서만 가르쳐 달라고 할 수 없는 자기주도적 학습능력과 자기주도적 진로설계능력은 미래 사회를 살기 위해 가장 중요한 필수능력이다. 절반의 책임은 학부모에 있다고 생각해왔다.

몇 년 전에 지식의 주기가 점점 짧아져서 70일밖에 되지 않는다는 글을 읽었다. 아이들은 초·중·고등학교와 대학을 나와도 시험을 치르고 나면 기억에서 사라지는 지식을 위해 공부하고 있다. 참 허탈한 일이다. 기억에 남아 있지 않고, 공부에 재미를 느끼지 못하는 환경에서 공부를 하고 성적을 내는 아이들이 더 대견하게 여겨질 정도다.

이 책은 같은 학부모로서 학교교육의 바탕이 될 만한 자기주도 교육은 무엇이며, 어떻게 도와주어야 할 것인가라는 질문으로부터 출발했다. 필자 또한, 교육 전문가가 아닌 초보 학부모 시절에 난처했던 마음을 되짚어 보았다. 초보 학부모라도 따라만 한다면 도움이 될 방법이 없을까 고민을 하면서 여섯 개의 장으로 구성해보았다. 1장 인성 역량, 2장 체험 역량, 3장 독서 역량, 4장 학업 역량, 5장 글쓰기 역량, 6장 진로·진학 역량으로 학부모들이 자녀들에게 활용해볼 수 있게 내용을 구성했다.

복잡한 사회에서 맞벌이하는 부모들에게, 기본 교육은 집에서 시켜야 한다며 이게 좋다, 저게 좋다고 대안 없이 훈수를 둔다는 것이 미안하게 여겨진다. 그 어려움에 공감하기에 평소에 안쓰러운 마음이 자주 들어 이론에 그치는 내용보다는 활용법을 담고자 노력했다.

모든 꿈은 시작점을 출발해야만, 도착지점까지 갈 수 있으므로 현실적으로 힘들더라도 이 책이 아이들과 함께하는 교육 매뉴얼로 도움이 되기를 작게나마 희망해본다. 필자가 자주 하는 말이지만, 선택할 수 없는 시기를 놓쳐버린 아이들에게 책임을 미루지 않는 부모가 되고 싶다.

인생에서 대학 진학을 위한 공부를 포함해서 평생 진로를 결정하는 데 필요한 균형 잡힌 역량을 길러주는 데 조용히 노력하는 학부모들에게 이 책으로 응원의 마음을 전하고 싶다. 《학부모 119》가 출판되기까지 많은 도움을 주신 가족들과 김종춘 멘토님, 출판사 대표님과 팀장님께 감사의 마음을 전한다.

서현경

프롤로그 02

자녀를 있는 그대로
기다려주고, 존중해주자

인도에는 '만트라'를 믿는 사람들이 많다. '만트라'는 '마음의 도구'라는 산스크리트어로 특정한 음절이나 단어, 문장을 반복하면 그 파동이 초인적인 힘을 발휘하게 한다는 원리다. 즉 계속 같은 말을 반복하면 이루어진다는 뜻이다. 실제로 '사랑'과 '평화'라는 단어를 말하는 것만으로도 우리의 뇌 기능이 변한다고 하니 참으로 놀라운 일이다.

심리학자 융Jung은 이를 '동시성'이라고 했다. 어떤 일을 계속 생각하거나 말을 하면 그 일이 동시에 일어나는 현상을 뜻한다. 이런 동시적 사건들이 단순한 '우연'이 아니라 현실 너머의 또 다른 현실에서 서로 연결되어 자주 발생한다고 한다. 과학적으로 증명할 수 없는 과학적 용어로 '동시성'은 인정받고 있다.

교직에 몸담고 있는 필자는 오랜 경험을 통해 중요한 사실을 발견했다. 학교교육에서뿐만 아니라 자녀교육에 있어서도 피그말리온 효과처럼 이 '만트라'와 '동시성'의 원리가 적용된다는 것을 말이다. 필자는 '이런 상황'에서는 '이렇게', '저때'는 '저렇게'라는 자녀양육의 매뉴얼이 있었으면 좋겠다는 생각을 하곤 했다. 아이의 돌발 상황에 어떻게 대처해야 하는지 전전긍긍했던 적이 한두 번이 아니었다. 어떻게 해야 할지 당황스럽고 힘들 때마다 늘 되뇌었던 것 같다. '우리 아이는 잘 할 거야. 난 우리 아이를 믿어' 하면서 믿고 기다려 주었다. 그런 '만트라'가 조금은 불안한 마음을 들어주었다. 그리고 그 만트라는 늘 '동시성'으로 보답을 받았다.

모든 '만트라'는 또한 '사랑'에서 출발해야 한다. 어떤 상황에서도, 단지 존재 그 자체만으로도 사랑받는다는 느낌이 들도록 충만한 사랑으로 표현해야 한다. '우리 아이는 잘 할 거야' 하며, 자녀들에 대한 믿음으로 그들을 존중하고 기다려 주면서 만트라의 마법 같은 주문을 외워야 한다. 자, 자신만의 '만트라'를 되뇌어 보자. '우리 아이는 인성이 바른 훌륭한 사람으로 성장할거야' 그러면 마법처럼 초조함이 사라지고, 자녀는 당신이 그렇게 원하는 모습으로 멋지게 자신의 인생을 공연해낼 것이다.

이 책에서는 30여 년 동안 교직 생활을 하며 경험한 것들, 그리고 두 아이를 키우며 깨우치고 느낀 것들을 꾸밈없이 소소하게 정리했다. 자녀들의 교육에 안절부절 불안해하고 걱정하고 있는 분들에게 작은 위안과 함께 자녀교육 실천서가 되었으면 한다. 지금 이 순간, 이 책을 펼치고 있는 당신은 이미 훌륭한 부모다.

조은주

차례

6장. 부모와 함께하는 진로·진학의 길(진로·진학 역량)

이 책의 활용법

《학부모 119》의 독서, 글쓰기영역의 활동지는 학부모가 초보여도 어느 정도 사용이 가능할 수 있도록 직관적으로 구성했다. 부모가 부담을 가지고 가르치기보다는 양식에 따라 반복적으로 기록하도록 만들어진 워크지다. 이론만 알려주는 것이 아닌 목표 달성을 위해 자녀에게 양식 그대로 반복해서 쓰게 하는 활동지로 활용하기 바란다.

1장

인성 보험 들기
(인성 역량)

01

아이는 부모의 뒷모습에서 배운다

1. 무심코 던진 부모의 한마디가 중요한 이유

〈에피소드 1〉

4살 때부터 아들의 꿈은 의사였다. 중학교 1학년 때까지만 해도 늘 의사가 되겠다고 했다. 어릴 때 병원에 놀러가서 의사들을 자주 만난 탓인지 항상 의사가 꿈이라고 했다. 그런데 중학교 2학년이 되어 갑자기 꿈이 바뀌었다. 과학자가 되겠다고 한다. 의사가 되겠다고 했을 때처럼 또 그러라고 했다.

몇 년 뒤 어느 날 그렇게 의사를 고집하더니 왜 꿈이 바뀌었냐고 물었다.

"엄마가 의사를 별로 좋은 직업이 아니라고 했잖아. 그리고 중학교 1학년 과학실험 방과 후 활동에서 개구리 해부를 하면서 적성이 아니라고 생각했어."

지금은 대학생이 된 아들의 이야기다.

〈에피소드 2〉

반 아이가 자살을 하려고 한다. '죽고 싶다'는 아이의 문자를 받고 밤새도록 문자를 주고받았다. 너무 놀라서 어떻게 해야 할지 몰라 다음 날 상담 선생님과 상담을 주선했다. 상담 후에도 담임 선생님뿐만 아니라, 교과 선생님들에게도 '자살하겠다'는 문자가 계속되어 부모에게 내교를 요청했다. 부모는 전혀 심각성을 인지하지 못했고, 그럴 리가 없다고 했다. 부모와 같이 상담을 받아야 된다고 하자 엄마는 동생이 어려서 시간이 없다고 한다. 자기가 지켜보고 잘 타이를 테니 걱정하지 말라고 하면서 집으로 돌아갔다.

일주일 뒤 또다시 문제의 문자가 시작됐다. 담임 선생님은 엄마에게 그 학생이 선생님들에게 보낸 문자 내용을 그대로 전송했다. 하지만 부모는 답이 없었다. 퇴근하고 집에 있는데 문자가 날아왔다.

"우리 딸이 지금 소파에서 폰을 보며 킥킥거리고 있어요. 절대 그럴 일 없으니 걱정 마세요. 저 애는 원래 저래요."

하루는 작정을 하고 학생을 불렀다. 그런데 아이는 울면서 말했다.

"저는 살 가치가 없는 아이에요. 우리 엄마는 맨날 저 때문에 인생을 망쳤다고 해요. 저만 없어지면 돼요."

중학교 2학년 여학생 담임을 맡고 있는 친구의 이야기다. 이 사건으로 친구는 오랫동안 힘들어 했고, 밤마다 그 학생과 문자를 주고받느라 잠을 설쳤다.

학생이 교칙을 어긴 일이나 불미스러운 일로 학부모와 상담을 하는 경우가 많다. 대부분의 부모들은 자신들은 저렇게 안 가르쳤는데 왜 그런지 모르겠다고 한다. 이 세상 어느 부모가 자녀에게 바람직하지 않은 나쁜 짓을 가르치려고 하겠는가? 그런 사람은 없다. 하지만 부정적인 생각과 행동을 하는 아이들이 있다. 왜 그럴까? 이런 경우,

부모의 양육태도가 문제인 경우가 많다.

부모의 양육방식이 자녀의 성격과 생활방식에 큰 영향을 미친다는 것은 주지의 사실이다. 양육방식이란 가정에서 결정을 내리고 갈등을 해결하는 방법을 포함해, 매일 지도하고 훈련하는 데 있어 자녀의 요구에 접근하는 방식을 말한다. 그렇다면 과연 양육태도나 방식은 자녀의 성격 발달에 어느 정도 영향을 줄 수 있을까? 부모의 양육방식은 자녀의 성격은 물론, 심리적 그리고 사회적 발달에 큰 역할을 한다. 그리고 학업성취도, 사회적 관계, 정서적 안정 및 미래에 가능한 전문적인 성공에 있어 결정적인 요소로 작용한다. 따라서 부모가 자녀를 어떤 방식과 태도로 키우는지가 매우 중요하다. 임상 심리학자인 다이애나 바움린드(Diana Baumrind, 1971)는 양육태도를 사회화의 과정으로 보고, "사회화는 부모와 아이가 함께하는 상호 과정이다"라고 말했다. 그녀는 또한, 서로 다른 차원의 애정과 규율을 결합하는 방식에 따라 나눠지는 4가지 양육방식과 각 방식이 자녀의 성격 형성에 미치는 영향을 다음과 같이 정리한다.

〈양육방식이 자녀의 성격 형성에 미치는 영향〉

양육방식 분류	양육방식	자녀의 성격 형성
독재적 양육	주로 규율을 사용하고 의사소통의 형태는 주로 단방향이며, 자녀가 규율을 이행할 것이라는 높은 기대를 한다.	학업성취도가 높을 수 있으나 자존감이 낮고, 자율성이 거의 없으며, 사회적 기술도 거의 없다.
허용적 양육	독재적 양육방식과는 반대이며, 부모들의 철학은 애정에 기초한다. 아이들이 스스로 결정을 내릴 수 있게 하고, 아이들에게 통제력을 거의 발휘하지 않는다.	높은 수준의 자존심과 자신감을 형성하나, 학교에서 자기중심적이고 불순종하며 성적이 낮은 경향이 있다.

양육방식 분류	양육방식	자녀의 성격 형성
방임적 양육	부모들이 감정적으로나 신체적으로 부재한 경우를 말한다. 부모가 어떤 차원에도 관여하지 않으므로 양육방식 중 최악으로 간주한다.	자제력 부족과 공격성이 있으며, 심리적 장애를 갖는 경향이 크다.
민주적 (Authoritative) 양육	가장 이상적인 양육방식으로 부모는 상호 작용과 애정에 기반한 규율 시스템을 통해 자녀에게 좋은 행동을 가르치려고 노력한다.	부모들은 상호 존중과 협력을 바탕으로 한 가족적인 분위기를 조성하므로 아이들은 현실적이고 긍정적인 자기 개념을 개발하게 되며, 성공하기 위한 많은 동기를 가지고 있어 학업성취도가 높다.

자신의 양육태도가 어느 분류에 속하는지 점검해보자. 그리고 자녀의 성격이나 태도, 학업성취도의 결과에 어떤 영향을 끼쳤는지 체크해보자. 아이들은 코앞에서 부모가 "이래야 한다. 저래야 한다"라고 하는 말보다는 부모의 뒷모습에서 배운다. 무심코 하는 부모의 습관적인 말이나 행동이 양육태도이며, 뒷모습이다. 규율을 사용해 언어적인 훈계나 훈육으로 독재적인 태도를 보이지 않았는지, 혹시 자녀의 의견을 존중한다고 지나치게 허용적이거나 방임적이지 않았는지 등 자신의 양육태도를 제대로 점검해보자.

인성교육의 결정적 시기를 놓치지 말자

오랫동안 학생들을 보아온 필자는 인성이 인생의 보험이라고 믿는다. 인성이 올바른 학생들은 어떤 어려움이 닥쳐도 잘 이겨내고 헤쳐나가는 것을 볼 수 있었다. 보험을 든든하게 잘 들어 놓으면 미래에 닥칠 재앙에 조금은 마음이 놓인다. 이처럼 인성교육은 인생에서 어떤 일이 있더라도 이겨낼 수 있는 버팀목이 되어준다. 또한, 인성은 오랜 시간에 걸쳐 형성되지만, 일단 고착화되고 나면 변화할 확률이 극히 낮아진다(진윤정, 2009)[1]. 특히 어린 시절 부모와 함께하는 동안 쌓은 인성은 평생 간다. 따라서 인성교육에 있어 조기교육이 필수적이며, 그에 따른 결정적 시기가 있다. 그래서 자녀교육에 심혈을 기울이는 사람들은 태교부터 신경을 쓰는 것이다.

뇌발달 연구학자들에 따르면, 인성을 담당하는 뇌는 대뇌피질의 전두엽이다. 전두엽은 사람을 가장 인간답게 만들어주는 문제해결을 위한 사고력과 창의성, 자기성찰능력인 인성 발달과 밀접한 관련이 있다. 만 3~6세 전후까지가 전두엽 발달이 가장 활성화되는 시기이므로, 이 시기에 예절교육과 기본적인 인성교육이 이루어져야 성장한 후에도 예의 바르고, 인성이 좋은 아이가 될 수 있다. '세 살 버릇 여든까지 간다'라는 속담은 빈말이 아니다.

아주 어릴 때부터, 심지어 태어나면서부터 자녀들은 부모의 모든 말과 행동을 보고, 또 듣는다. 부모가 무심코 하는 말이나 행동을 그대로 스캔해서 자신의 뇌리에 저장한다. 그것이 반복적으로 이루어지면 무의식에 저장되며, 어느 순간 자신도 모르게 튀어나온다. 즉 부모의 모든 것을 스펀지처럼 학습한다. 늑대소년이 말이나 행동을 모두 늑대처럼 하듯 말이다. 부모는 자녀의 모델이다. 평소 일상생활에서 보여지는 모든 태도와 말이 교육이다. 따라서 부모는 아이 앞에서

---

1. 출처 : 진윤정, 중학생의 인성 특성이 학습태도와 학업성취에 미치는 영향, 상명대학교 교육대학원 석사학위 논문, 2009.

뿐만 아니라, 평소 모든 말과 행동, 태도에 신경을 써야 한다. 자녀가 부모의 영향을 많이 받는 시기인 8세 이전에 인성의 80%가 형성된다고 주장하는 전문가들도 많다. 흔히 자녀는 '부모의 거울'이라고 말하는 이유다.

인성교육은 자신을 사랑하고 남을 배려할 줄 아는 아이로 키우는 것이다. 자신감과 자존감이 높고 긍정적인 사고를 가진 학생들은 학교생활을 즐겁게 하고 교우관계도 좋다. 게다가 학업성취도가 높을 확률이 높다는 연구결과들이 많다. 특히 우수한 영재아이들의 특성으로 도덕 발달과 정의감이 높고, 독립적이며, 자아개념과 자기통제력이 높다(김영안, 2007)[2]는 연구결과가 있다.

인성교육은 무엇보다도 눈으로만 보고, 머릿속으로만 생각하는 것이 아니라, 직접 실천할 수 있어야 한다. 하지만 부모들이 자녀의 올바른 인성형성을 위한 교육을 제대로 실천하기란 여간 어렵지 않다. 인성교육의 목표나 방향이 너무 추상적이고, 포괄적이기 때문이다. 따라서 부모들의 환경과 교육관에 따라 적절한 목표를 구체화해야 한다. 그리고 지속적이고 일관되게 자녀들과 함께 실천해야 한다. 목표가 얼마나 정교하고 수준 높은지는 중요하지 않다. 그것을 바라보는 가치관과 실천하는 태도가 더 중요하다.

2. 출처 : 김영안, 인성, 학습방법, 지능이 과학 영재들의 학업성취에 미치는 영향, 2007.

결정적 시기	부모들이 신경 써야 할 중요한 포인트
영유아기	스킨십, 눈 맞춤 등 정서적 교감을 통해 유대감과 따뜻한 마음근육 기르기
3세	또래 친구들과 싸우고 화해하는 과정을 통해 서로의 차이를 인정하면서 살아가는 법을 배우고, 타인을 이해하기 때문에 또래 집단과 놀게 하기
4~5세	자기 스스로 해보려고 하는 자립심을 갖추게 되므로, 합리적인 교육철학을 기반으로 일관성 있는 양육태도를 보여주어야 하는 것이 필요한 시기

2. 골목세대 vs. 사이버세대

A : "우리 아들은 게임에 빠져 도통 공부를 안 해요. 우리 때는 친구들과 놀다가 공부를 했는데, 왜 우리 아이들은 그렇게 핸드폰으로만 놀까요?"

B : "우리 딸도 마찬가지야. 집에 오면 SNS 하느라 밤늦도록 자지도 않아."

A : "요즘 애들은 도대체 왜 그럴까요?"

B : "맞아, 우리 때는 안 그랬는데 정말 이해가 안 된다."

A : "그러게요. 어떻게 해야 할지 모르겠어요."

대부분의 부모들이 하는 걱정이다. "그러면 핸드폰을 안 사주면 되지" 하는 처방을 하는 이도 있다. 하지만 요즘 아이들은 핸드폰으로 모든 소통을 한다. 심지어 학교 과제물도 카톡이나 밴드를 통해 안내하고, 과제물 제출도 밴드나 유튜브를 이용하는 교사들도 있다. 핸드폰, 스마트폰 없이 살기는 어렵다. 그래서 자녀들이 조르면 부모들은 핸드폰의 여러 부작용을 염려함에도 안 사줄 수가 없다. 정말 핸드폰은 필요악이다.

우리 아이들에게 핸드폰이란 어떤 의미일까? 아이들에게 핸드폰이란 우리 어른들의 어린 시절 골목과도 같다. 부모들의 어린 시절을 돌아보자. 등굣길에 골목에서 친구를 만나 이런저런 이야기를 하며 학교에 갔다. 학교에서는 쉬는 시간마다 운동장에서 놀았고, 하굣길에도 어김없이 골목을 돌아오며 장난도 치고, 지나가는 개나 고양이와도 놀고, 때로는 숨바꼭질을 했다. 마음먹은 날에는 아예 편을 갈라 공차기도 하고, 깡통 차기와 같은 큰 판을 벌이기도 했다. 친구 집에 가서 같이 공부도 하고, 밥을 얻어먹는 것도 다반사였다. 마당이 넓은 집은 곧잘 놀이터가 되곤 했다. 엄마가 저녁 먹으러 오지 않느냐고 큰 소리로 이름을 부를 때까지 계속되곤 했다. 옛날 부모세대에게는 골목이 바로 놀이터고, 삶이었다.

그런데 요즘 우리 아이들에게는 놀 시간도, 공간도 따로 없다. 공차기를 할 골목이나 마당도 없다. 부모세대들은 자녀들에게 그런 시간과 공간의 여유를 물려주지 않았다. 학교를 마치면 방과 후 수업을 해야 하고, 방과 후 수업을 마치면 학원을 가야 하며, 학원을 마치면 집에 와서 숙제를 해야 한다. 아이들은 방과 후나 학원을 빠져도 딱히 갈 곳이 없다. 공원은 자전거 반입이 금지된 곳이 많고, 공놀이를 하거나 큰 소리로 떠드는 것이 금지되어 있는 곳이 대부분이며, 골목은 차들이 즐비하게 주차되어 있거나, 지나가는 차들로 인해 위험하기 때문이다.

　대신 우리 자녀들은 사이버공간을 찾는다. 오프라인에서는 친구들과 만날 시간도, 장소도 없으니 시간과 장소의 한계가 없는 사이버공간이 이들에게는 훨씬 편하고 유용하다. 우선 부모가 불안해 하지 않고, 안전한 공간인 집 안에서 가능하다. 또한 공부나 숙제를 하며, 필요할 때 시간과 공간을 내 방식대로 융통성 있게 활용할 수 있다. 무엇보다도 내 방에서 편하게 친구들과 소통하며, 사생활 보호를 받을 수 있다. 이러한 이유로 아이들은 부모들의 골목과 마당에서의 생활을 모두 사이버공간인 핸드폰으로 옮겨온 것이다. 그래서 아이들에게 핸드폰은 소중하다. 너무 핸드폰으로 논다고 지적하는 것은 시대에 맞지 않다. 핸드폰으로 놀지 말라고 하려면 아이들에게 골목과 마당을 돌려줘야 한다.

　자녀들이 너무 핸드폰에 빠져 있다면 무조건 야단칠 일이 아니다. 우선 부모 자신의 핸드폰 사용습관을 돌아볼 일이다. 부모가 핸드폰을 건전하고 유용하게 활용하고 있다면 자녀도 그럴 것이다. 다음으로는 자녀가 핸드폰으로 무슨 놀이를 하고, 어떤 활동을 하고 있는지 관찰해야 한다. 게임을 하고 있다면 그 게임이 어떤 종류의 게임인지 하루에 얼마 동안 하는지 체크해보자. 자녀가 하는 게임을 함께하는 것도 좋은 방법이다. "게임을 해보니 잠시 스트레스를 잊을 수 있어서 좋구나" 하며 공감해준다면, 자녀는 이해받는 느낌이 들어 기분이 좋아지고, 자기 통제력을 기를 수 있다.

핸드폰을 많이 하는 아이 때문에 고민하는 부모를 위한 Tip.

1. 부모 자신의 핸드폰 사용습관을 체크하기

2. 자녀가 어떤 게임이나 어떤 활동을 하는지 체크하기

3. 자녀가 하는 게임 하나 정도는 같이 해보고 공감하기

4. 공부를 위한 검색과 과제 제출 외에 매주 핸드폰 게임이나 놀이를 하는 시간 정하기

5. 약속을 어겼을 경우 그에 상응하는 책임을 자녀와 논의해 결정하고 타협하기

6. 자녀와 반목을 살 정도의 지나친 벌칙이나 규정은 금물

요즘 아이들은 모둠활동 과제를 할 때 카페나 스터디룸에서 만난다. 카페도 골목이나 마당의 역할을 한다. 옛날 부모들은 공동의 과제를 위해 친구의 집이나 골목 또는 마당에서 만났다. 하지만 요즘은 사생활 공간의 벽이 높다. 친한 친구들이라도 부모의 허락 없이 집에 초대하기란 쉽지 않다. 요즘 자녀들에게 핸드폰이나 카페는 옛날 부모들의 골목과 마당이다. 규정을 어겼을 때 SNS 계정 비밀번호를 몰래 바꾼다든지, 너무 장기간 핸드폰 사용을 금지하는 것에는 불만과 부당함을 느낀다.

3. 자존감과 소속감을 높이는 사회 정서적 문해력 기르기

중학교 국어교사인 친구가 있다. 도서관을 담당하고 있는데 점심시간마다 문을 닫는다고 한다.

필자 : "아니, 점심시간에 아이들이 도서관에 와서 책도 보고 할 수 있는데, 왜 문을 닫아?"

친구 : "점심시간에 문을 열어 놓으면 점심 같이 먹을 친구가 없는 애들이 여기 와서 있는 경우가 많아서 닫는 거야."

기기 찼지만 현실은 그렇다. 필자도 몇 해 전 고2 담임을 맡은 적이 있다. 학기 초 상담을 하는데, 대부분 친구관계를 불안해 했다. 그중 한 명은 3월 한 달 내내 힘들어서 전학을 가야겠다고 해 몇 번이고 상담을 했다. 엄마와도 상담을 했다. 친한 친구가 있는 다른 학교로 가겠다는 거였다. 엄마는 직장 때문에 이곳으로 이사를 왔는데, 아이는 이곳에서 친구와의 관계 맺기를 힘들어 한 것이다.

학년 말, 다음 해 반 배정을 할 때 아이들은 친한 친구가 자기 반이 아니면 어쩌나, 같은 반에 친한 친구가 한 명도 없으면 어쩌나 하며 불안해 한다. 반 배정이 초미의 관심사다. 그리고 학기 초가 되면 3월 한 달 동안은 이전의 학급 친구를 찾아 다른 교실을 기웃거리는 아이들이 한둘이 아니다. 학교에서 학생들이 가장 힘들어 하는 것은 성적이나 진학이 아니다. '친구 관계'다. 성적이 안 좋다고 해서 전학 가겠다고 하거나 공부가 어려워서 또는 대학 진학이 힘들어서 자퇴하겠다는 학생은 거의 없다. 그런데 친구 때문에 죽고 싶다거나, 다른 학교

로 전학 가려는 학생들은 자주 있다. 점심을 같이 먹을 친구가 없다는 것을 가장 힘들어 한다.

아무리 힘들고 어려운 일이 있어도 함께할 사람이 있으면 견디기 쉽다. 함께하면 뭐든지 힘이 난다. 학교에서 친구는 그런 존재다. 선생님에게 야단을 맞아도, 넘어져서 다치거나 친구들과 약간의 갈등이 있더라도 자신의 말을 진심으로 들어주는 친구 한두 명이 있으면 괜찮다. 바로 소속감의 문제다.

자존감과 소속감은 둘이 아니다. 자존감이 높은 아이들은 친구들과도 스스럼없이 잘 지내고 새로운 환경에도 잘 적응한다. 반면 자존감이 낮은 학생들은 학급이나 친구의 무리에 속하지 못할까 봐 전전긍긍한다. 반대도 마찬가지다. 소속감을 느끼면 자존감도 올라간다. 자존감과 소속감이 있으면 학교생활도 순탄하다. 물론 학업성취도 높을 확률이 많다. 도대체 어떻게 하면 자존감을 높이고, 소속감을 느끼도록 할까?

자존감과 소속감을 높이려면 사회 정서적 문해력을 길러 주어야 한다. 사회 정서적 문해력이란 자신의 정서를 긍정적으로 이해하고, 정서를 적절하게 표현하는 능력이다. 이러한 사회 정서적 문해력은 학업성취와 창의력, 문제 해결력을 향상시킨다는 연구결과도 있지만, 무엇보다도 공감, 동정, 배려, 존중, 책임에 대한 이해를 바탕으로 효과적인 의사소통을 가능하게 한다(신재철, 2008)[3].

사회 정서적 문해력이 높은 아이들의 특징은 ① 감정이나 정서(자기

3. 출처 : 신재철, 정서문해력 발달을 위한 장소학습, 한국사회교과교육회, 사회과교육연수 제15권 4호, 2008.

인식를 긍정적으로 표현하고, ② 분노와 같은 감정관리(자기통제)를 잘하며, ③ 공감하고 도움을 주며(타인이해), ④ 함께 일하고, 적응과 의사소통을 잘하는(타인과의 관계) 동시에, ⑤ 이러한 일을 계속해 나가는 에너지(동기부여)가 있다. 이런 특징을 가진 아이들은 상황에 맞게 자신의 정서를 표출하고, 표출된 정서를 인지해 자신의 생각과 행동에 미치는 영향을 잘 파악한다. 또한 관계 맺기를 잘하고 학교생활뿐 아니라 삶을 긍정적으로 이끌어 간다. 자연히 좋은 인성을 가진 학생으로 여겨지고, 당연히 친구들에게 인기가 많다. 공부를 잘 한다고 친구들이 좋아하고, 못한다고 친구가 없는 것은 아니다. 다른 친구들을 배려하고 공감하며, 적절한 유머로 웃게 하는 아이들의 곁에는 친구들이 모여든다. 그 곁에 가지 못하거나 섞이지 못하면 힘들어 한다.

사회 정서적 문해력을 길러주는 Tip.

1. 자녀의 감정을 이해하고, 감정 표현을 존중해주기
2. 자녀의 말을 경청하고, 공감하기
3. 자녀의 말이나 행동에 대한 부모의 감정 표현을 정확하게 'I' 메시지('나는~으로 시작하는 화법)로 전하기
4. 감정을 창의적으로 표현하는 놀이하기
5. 유머를 적절히 사용하기
6. '화'가 날 때 '멈추고' 마음 바라보는 연습하기
7. 공익을 위해 무엇을 할 수 있는지 함께 이야기 나누기
8. 타인을 돕거나 공익을 위한 일을 했을 때 적극적으로 칭찬해주기

02

민주적인 가정문화 만들기

1. 식탁 문화와 자녀의 자존감

"이해 상충이 뭐예요?" 하고 아이가 묻는다. 식탁에 앉아 숟가락을 들던 아빠는 "손해와 이익이 서로 부딪친다는 뜻이야"라고 가르쳐 준다. 서로의 손해와 이익이 부딪쳐 문제가 되는 상황을 말한다고 덧붙인다.

그때부터 "어디에 그런 말이 나왔어?" 하며 이야기가 시작되고, 그 이야기는 식사시간이 끝날 때까지 계속된다. 아이는 자연스럽게 자신이 공부하던 내용을 이야기하게 되고, 대화는 다른 분야까지 이어진다. 우리는 식사시간을 통해 자녀가 지금 무슨 공부를 하고 있으며, 무슨 생각을 하고 있는지를 알게 된다. 또한 어떤 개념을 어려워하고, 힘들어 하는지도 말이다.

평소에도 책을 그다지 읽지 않는 아이들은 곧잘 어휘의 뜻을 물어본다. 밥을 먹다가 뉴스에 나오는 정치나 경제와 관련된 용어, 그리고 아나운서나 리포터들이 사용하는 낯설고, 어려운 단어를 들으면 꼭 무슨 뜻인지 물어보곤 한다. 가만 생각해보면 책을 많이 읽어서 어휘력을 높일 수도 있지만, 어른들과의 대화도 어휘력을 높이는 데 큰 기여를 하므로 대화 시간을 일부러라도 많이 가져야 한다.

예로부터 우리나라 식탁 문화는 아주 특별했다. 어른보다 먼저 수저를 들어서도 안 되고, 엄격한 분위기에 조용히 밥을 먹고 일어서야 했다. 하지만 현대 사회에서 이런 문화는 많이 변했다. 식사시간은 가족 간에 자유롭게 이야기를 나누고, 의견을 교환할 수 있는 대화의 장이다. 또한 자녀들과 소통하기가 아주 쉽고 자연스러운 곳이다. 이 시간에는 가정의 분위기와 민주적인 문화를 조성할 수 있다. 어떤 이야기가 나와도 너그럽게 이해가 된다. 식사시간만큼은 모두가 무장해제 되는 시간이기 때문이다. 그래서 가족을 밥을 함께 먹는 사람, 즉 '식구'라고 말한다. 식사를 함께하며 나누는 대화는 몸과 마음을 편하게 해서 마음속의 말을 더 쉽게 할 수 있는 분위기를 만든다. 그리고 가족 간의 소속감과 애정을 확인하는 좋은 기회도 되며, 아이들의 일상과 학교생활에 이르기까지 다양한 주제로 이야기를 나눌 수 있다. 이런 분위기에서 가족의 사랑을 충분히 받은 아이는 자존감이 매우 높다는 연구결과들이 있다.

함께하는 식사가 자녀양육에 미치는 영향

1. 자녀와 대화할 가장 좋은 기회를 제공한다.
2. 자녀의 생활과 생각을 이해하는 데 도움이 된다.
3. 자녀들과 많은 것을 공유하며 가족 간의 유대를 강화시킨다.
4. 자녀에게 소속감을 증진시켜 안정감과 편안함을 준다.
5. 자녀의 공동체 생활 역량을 키워준다.
6. 자녀의 어휘력뿐만 아니라 대화법 그리고 발표력도 향상된다.
7. 자녀의 자존감과 자신감이 향상된다.
8. 자녀의 인성과 학업에도 긍정적인 영향을 미친다.

　　또한, 가족과 함께하는 식사시간은 자녀의 어휘력을 향상시키는 좋은 방법이다. 예전의 대가족 생활과는 달리 어른과의 대화가 적은 아이들은 또래 친구들과 짧은 텍스트 문자(줄임말)나 은어 등으로 대화를 하는 경우가 더 많다. 학교교육과정에 나오는 어휘나 개념들은 어렵고, 요즘 아이들이 쓰는 말과 다르다. 그래서 현학적인 표현이 들어간 긴 지문을 읽어내는 데 어려움을 겪는다. 어른들과의 대화를 많이 할수록 어휘력과 학업성취도가 높을 뿐 아니라, 인성형성에도 긍정적인 영향을 준다.

　　대부분의 학교는 가정학습의 날, 또는 문화의 날이라고 지정해 둘째 주나 넷째 주 수요일 또는 매주 수요일에 일찍 귀가를 시킨다. 일부 직장에서도 '워라밸'이나 '소확행'이 중요시되면서 칼퇴근이 당연

4. 일과 삶의 균형(Work-life balance)은 개인의 업무와 사생활 간의 균형을 묘사하는 단어로, 1970년대 후반 영국에서 처음 등장했다.
5. '소소하고 확실한 행복'의 준말로 매일 작은 것에 행복해 하는 것을 뜻한다.

시되는 회사도 늘고 있다. 가족과 함께하는 식사시간의 필요성과 중요성이 강조되고 있기 때문이다. 하지만 '밥상머리 교육'에 대한 명확한 매뉴얼은 없다. 가정마다 환경이나 구성원의 성격이 다르기 때문이다. 부모들의 가치관과 철학이 중요하며, 가족구성원의 합의에 의한 것이라면 어떤 원칙도 의미가 있다.

기본적인 식사예절이나 규칙을 아이와 함께 정하는 것은 어떤가? 함께하는 식사시간부터 정하자. 피치 못할 사정으로 늦으면 반드시 미리 연락을 주어야 한다든지, 한 달에 두 번 이상 빠지면 안 된다든지 하는 것에서부터 한 달에 2번 이상 인스턴트 배달음식은 안 된다는 소소한 것까지. 이런 규칙들은 자녀들과 함께 정해야 한다. 일방적으로 정해 통보를 한다면, 자녀들은 그 규칙의 좋고 나쁨을 떠나서 거부감이 든다. 자신들의 의견이 반영되면 소속감과 책임감이 강해져 규칙을 잘 지킬 뿐 아니라, 인정받는다는 느낌이 들어 자존감도 높아진다.

대화는 학교생활이나 급우들, 일상의 일들과 밥상 위의 된장찌개 등의 주제로 시작할 수 있다. 어느 정도 대화의 물꼬가 트이면 한 발짝 더 나아가는 것도 좋다. TV 뉴스나 인터넷에서 이슈가 되고 있는 사건들은 좋은 대화거리가 된다. "김정은이 드디어 핵을 포기하겠구나. 너는 어떻게 생각하니?", "통일이 되면 나는 금강산을 꼭 가보고 싶다" 등 말이다. 조부모의 고향이 북쪽이라면 대화는 더 쉽게 풀어갈 수 있다. "예전에 할머니가 함경도에 살 때는 감자가 점심 한 끼였다는구나", "할아버지가 피난 올 때 여동생을 잃어서 돌아가실 때까지 누이를 걱정하셨어" 등이다. 자녀는 그때의 이야기에 귀 기울이게 되고, 이것저것 궁금한 것들을 묻게 된다. 그러다 보면 대화는 자연스럽게 익어간다. 꼭 심오한 정치, 경제, 사회 등의 골치 아픈 화제만을 주제로 삼을 필요는 없다. 요즘 핫한 '먹방'이나 세계여행, 패션을 주제로 이야기해도 좋다. 너무 한쪽 방향으로 치우치는 것보다는 다양한 주제를 다루는 것이 더 좋다.

민주적인 가정문화를 만들기 위한 Tip.

1. 자녀들과 일주일에 2번 이상 식사를 함께하기
2. 기본적인 예절이나 규칙은 자녀들과 함께 정하기
3. 식사 도중에 절대로 야단을 치지 않기
4. 먹고 있는 음식을 주제로 대화 시작하기
5. 하루의 일과에 대한 대화를 나누기
6. 현재 이슈가 되고 있는 시사적인 문제를 좋은 대화의 주제로 정하기
7. 유머를 사용해 부드러운 분위기로 대화하기
8. 최대한 자녀의 이야기를 들어주고 경청하고 공감하기
9. 가족여행이나 행사에서도 자녀의 의견 반영하기

2. 부부 금실과 자녀교육

초등학생 자녀를 둔 A선생님이 방학 중 필리핀으로 해외 연수를 갔다. 한 달 동안의 긴 연수라 가족들이 모두 버스 출발장소까지 배웅을 했다. 처음으로 오랫동안 떨어져 있어야 해서 서로 아쉬운 작별인사를 나누기 위해서였다. 가족을 뒤로하고 같이 연수에 참여하는 선생님들과 함께 설레는 마음으로 필리핀으로 날아갔다.

필리핀 연수가 일주일이 지날 즈음 서로 친해졌고, 사적인 이야기까지 하게 되었다. 빠듯한 일정을 마치고 기숙사에 들어와 담소를 나누던 한 선생님이 A선생님에게 "난 처음에 선생님이 약간 모자라는 사람인 줄 알았어요" 하고 웃으며 뜻밖의 이야기를 꺼냈다. 의아해진 A선생님은 "무슨 말씀이세요?" 하고 물었다. "가족들과 작별인사를 나누는 모습을 옆에서 봤는데, 어린 자녀들이 엄마에게 하는 말이 엄마가 어린 자녀에게 하는 말투 같았어요." 그러더니 "엄마, 낯선 사람 조심하세요. 그리고 우리 보고 싶어도 참아요. 울지 말고요" 하면서 흉내를 냈다. "그래서 우리는 A선생님이 도움이 필요한 사람인가 보다 했지요" 한다. 그때 A선생님은 박장대소를 하면서 "우리 남편이 늘 나한테 그런 식으로 아이 대하듯 하니까 그래요. 우리 애들이 아빠가 엄마를 대하듯이 나를 대하더라고요. 참나, 그러고 보니 우리 아이들은 내가 남편을 대하듯이 아빠를 대하는 것 같군요."

모든 부모들은 자녀를 위해 가장 좋은 환경을 제공해주려고 하지만, 간과하는 것이 있다. 바로 부부관계다. 남편은 아내를, 아내는 남편을 존중하지 않으면서 자녀들이 바르게 자라지 않는다고 서로를 탓하고 비난한다면, 절대로 자녀의 올바른 인성을 기대할 수 없다. 부부관계가 좋지 않으면, 자녀는 언제나 심리적 불안감을 느낀다. 또한 그런 역할을 그대로 학습한다.

부모가 자녀에게 줄 수 있는 가장 좋은 가정환경은 바로 다정한 부부관계다. 부부 금실이 좋은 환경에서 자녀는 정서적으로 안정감을 갖는다. 안정되고 편안한 분위기에서는 긍정적인 태도를 가지게 된다. 자연스럽게 자존감도 높아지고 학업성취도가 높다는 연구결과도 많다.

부부의 불화는 신체적, 정신적, 심리적으로도 자녀에게 큰 영향을 준다. 부부의 갈등이 잦아지면 집안 분위기가 황량하게 되고, 자녀들은 외롭고 불안하게 된다. 집은 편안한 휴식처가 되어야 하는데 견디기 힘든 싸움터로 여겨진다. 부모의 다툼은 자녀에게 상처와 아픔으로 다가온다. 또한, 신체적인 발달과 정신적인 안정에도 부정적인 영향을 끼친다. 집에 있는 것이 힘들고 괴로워지며, 우울증이나 불면증 등 여러 가지 건강 문제에도 영향을 미친다고 의학전문가들은 말한다. 친구들을 만나도 정서적으로 불안하고, 안정되지 못한 상태가 쉽게 표출된다. 그래서 종종 친구들과의 갈등을 초래하기도 하고, 쉽게 관계를 맺지 못한다. 게다가 공동체 생활에서 어려움을 겪기도 한다. 더 큰 문제는 부모들이 문제해결을 하는 방식대로 갈등을 해결하려고 한다는 것이다. 비난하고, 책임을 친구에게 전가하는 식이다. 부모가 서로 욕설을 하고 폭력을 쓴다면, 자녀도 욕설과 폭력으로 문제를 해결하려고 한다. 그것이 더 쉬운 방법이라고 여긴다. 결국 학교나 사회적응에도 문제가 생긴다.

심지어 부모의 갈등이 자신에게서 비롯된 것이라고 생각하며 자책하게 된다. 그 결과, 자기 존재를 부정하며, 자존감 형성에 크게 손상을 입는다. 이러한 문제들은 학교나 사회생활에 적응하는 데 큰 걸림돌이 된다. 적응에 문제가 있으면 문제아들이 하는 행동을 쉽게 받아들이고 따라 하며, 그 속에서 위안을 찾기 때문이다.

가정은 힘든 학교생활이나 어려움을 겪고 왔을 때 편안한 휴식처나 안식처가 되어야 한다. 가정이 편안할 때는 가정보다 더 행복한 곳이 없지만, 불편할 때는 가정보다 더 힘든 곳도 없다. 그러한 환경은 돈과 같은 경제적인 환경보다는 부부의 따뜻한 관계에서 온다. 자녀에게 제공할 수 있는 가장 좋은 양육 분위기는 부모의 좋은 관계가 아닐까? 당신은 어느 부부관계 유형에 속하는지 체크해보자.

부부관계 유형이 자녀에게 미치는 영향(10가지 유형)

1. 바가지 부부

   부부 사이에서 항상 불평불만을 하거나 꼬치꼬치 캐묻고 달달 볶지 말자. 이런 부모 밑에서 자란 아이는 매사가 부정적이며 회의주의에 빠질 수 있다. 그리고 무슨 일을 하려 들지 않는다. 꾸중과 잔소리가 듣기 싫기 때문이다.

2. 침묵하는 부부

   부부 사이에 침묵은 금이 아니라 금이 간다. 이런 부부의 자녀들은 일단 창의력이 없다. 하고자 하는 의욕도 없다. 그러므로 자연적으로 대인관계에 있어서 대화를 잘하지 못하고, 학습에 있어서도 적응력이나 발표력도 부족하다.

3. 돈돈 머니 부부

   부모의 가치관은 자녀의 가치관에 영향을 미친다. 무엇이든 돈과 연결시키는 부부는 자녀에게 인간의 존엄과 가치성에 혼란을 줄 수 있다. 목적을 위해서는 과정을 무시하는 경향이 있으며, 모든 평가기준이 돈이다. 모든 문제를 돈으로 해결을 하려고 하며, 돈의 노예가 된다.

4. 폭력 부부

폭력이나 폭언을 하는 부부관계 속에 자란 자녀들에게 약자에 대한 배려나 양보는 보기 힘들다. 그런 부부의 행위를 보면서 혐오감을 느끼지만, 자녀도 그대로 따라 하게 된다. 그리고 자제력이 부족해 환경에 대한 적응력을 잃게 된다.

5. 퉁명스러운 부부

서로 퉁명스럽고 빈정거리는 말투로 상대방을 무시하는 부부에게서 자라나는 자녀들은 부모를 그대로 따라 한다. 이들은 짜증을 잘 낼 뿐 아니라, 상대방을 무시하거나 분위기를 망치는 돌발 발언을 하는 경향이 있어서 원만한 인간관계를 하기 어렵다.

6. 험담 부부

부부 간에도 상대방의 약점을 들추거나 상스러운 말을 하는 부부 밑에서 자란 아이는 남의 흉을 잘 보고, 험담을 잘하는 아이로 자란다. 결국 참소하는 자가 되어 어떤 그룹에서나 결국은 소외(왕따)가 되기 쉽다.

7. 사치하는 부부

기본적인 예의를 벗어나 분에 넘치게 타인의 눈을 의식하고, 외형에 치중해 사치를 하는 부부 밑에서 자란 아이들은 실속이 없다. 허세가 심하고 과시욕이 넘쳐서 먼저 쓰고 보자는 식의 생각을 하기 때문에 속이 빈 강정과 같은 인생을 살게 된다.

8. 바람 부부

밖으로 나돌고, 외도하는 환경에서 자란 아이들은 불안과 외로움을 느낀다. 부모 사랑의 결핍으로 자신감이 결여되고, 모든 문제를 혼자 해결하려 한다. 항상 혼자라는 생각 때문에 불만이 가슴속에 응어리져 있다.

9. 남남 부부

무관심, 무간섭 부부는 결국 자녀에게도 무관심으로 대하고, 자신들의 일만 하기 때문에 자녀들은 고아처럼 자라나는 외톨이가 된다. 그래서 애정결핍으로 문제아가 많이 발생하게 되고, 결국은 부모의 의견을 무시하고 모든 일을 혼자서 결정하게 된다.

10. 대화하는 부부

서로 배려하고 상대의 말을 귀담아들으며, 자녀들 앞에서 배우자의 인격을 높이고, 서로가 사랑하는 가정에서 자라는 자녀들은 올바른 사회성과 인간애를 배우게 된다. 그리고 삶의 존엄과 경이로움을 위해 행복을 추구하게 된다.

최인걸, 부부관계가 자녀에게 미치는 영향10가지 유형[6]

---

6. 출처 : 최인걸, 부부관계가 자녀에게 미치는 영향10가지 유형, 한국심리상담센터, 2019. 11. 26.

03

훈육 vs. 교육

1. 엄마는 언제나 내 편

"엄마 나 팔다리가 너무 아파. 아무것도 못하겠어."

학교 갔다가 온 아이가 가방을 던지듯 하고 침대에 벌렁 드러눕는다.

"왜 그래? 아들, 학교에서 무슨 일 있었어?"

"반 친구가 잘못해서 모두 단체 기합으로 푸시업 100개를 하고, 토끼뜀으로 운동장 10바퀴 돌았어."

"어머나, 세상에. 무슨 잘못을 했기에 그렇게 벌을 받았어?"

"우리 선생님 정말 너무해."

아이는 억울한지 울먹이며 자초지종을 설명한다. 담임 선생님이 체육 선생님 인데, 평소에도 단체 기합을 자주 주는 것 같다. 엄마는 정말 속이 상했다. 중학교

2학년인 아이는 자기 잘못도 아닌데, 지나치다 싶을 정도의 벌을 받은 터라 부당하다고 느끼는 것 같다.

"그래 너희 선생님 정말 너무했다. 아무리 화나도 그렇지 벌이 너무 과하네. 우리 정민이 많이 속상하겠구나. 어디 보자. 어디 아파? 엄마가 약 발라줄게."

"엄마, 나 선생님께 혼났어"라고 아이들이 말할 때 부모들은 혼란스럽다. 아이에게 무슨 일이 있었냐고 묻기 전에 선생님 편을 들어 "네가 잘못했으니까 그렇지"라고 해야 할지, 아니면 "그 선생님 참 이상하다. 제대로 알지도 못하면서 왜 그래?" 하고 아이 편을 들어야 할지 난감하다. 선생님 편을 들자니 아이 기분에 공감 못하는 부모가 될까 걱정이고, 아이 편을 들자니 선생님에 대한 존경심이 없어져 공부를 제대로 안 할까 봐 염려된다.

정신과 의사 정혜신은 《당신이 옳다》에서 우선 공감을 해야 한다고 말한다. 갓난아이거나 사물에 대한 판단력이 없는 아이가 돌부리에 걸려 넘어지거나 의자에 부딪혔을 때 엄마들은 "에구, 얼마나 아플까. 때찌. 우리 채원이를 누가 그랬어. 이놈! 혼내야겠네" 하며, 바로 아이의 감정을 읽어주고 편을 들어준다. 아이가 자라도 그런 마음이어야 한다. 우선 자녀의 편을 들어줘라.

자녀 편을 들어준다고 자녀가 선생님을 무시하거나 존경심이 없어지지 않는다. 단지 그 순간의 마음을 읽어주고, 보듬어주면 된다. 엄마는 언제나 '내 편'이어야 한다. 이 세상에 아무 조건 없이 무조건 내 편이 되어줄 사람이 있다는 것보다 더 든든한 백은 없다. 자녀가 속상한 일이 있다면 잘잘못을 따지는 것은 후차적인 문제다. 무조건 자녀의 편을 들어주자. 그러면 슬프고, 억울한 감정이 녹는다. 상처는 금방 아물고, 새롭게 피어난다.

2. 훈육과 교육 사이(훈육 vs. 교육)

자녀교육에서 훈육은 참 어렵다. 잘한 일에 칭찬하기는 쉬우나 잘못한 일에 어디까지 어떻게 훈육을 해야 할지 난감할 때가 많다. 어떤 일에도 정혜신은 '충조평판'을 하지 마라고 한다. 충조평판이란 '충고, 조언, 평가, 판단'을 말한다. 부모들이 어떻게 자녀의 일에 충고나 조언, 판단을 하지 않을 수 있을까? 부모들은 정확하게 잘못을 지적해주고, 올바른 조언으로 이끌어야 진짜 교육을 제대로 한다고 여긴다. 과연 그럴까?

아이들은 자기가 해야 할 일을 하지 않았다든지, 잘못을 저질렀을 때 스스로 알아차린다. 잘못했다고 느끼며 무안해진다. 거기다 대고 부모가 지적을 한다면 자신의 잘못은 뒤로하고 우선 기분이 상한다. 부모의 잔소리가 길어지거나 나무라고 야단을 친다면 화가 난다. 옳고 그름을 따지기 전에 자녀의 감정이 그렇다는 이야기다. 그렇다면 아이가 잘못을 해도 충고나 조언을 하지 말아야 할까? 참 어려운 일이다. 하지만 자녀의 일에 나서서 문제를 해결하려고 하거나, 충고하고 조언하기보다는 그저 마음을 읽어주는 편이 낫다. 문제해결은 스스로 하게 해야 한다. 마음의 문제가 해결되면 다른 것은 스스로 할 수 있다.

부모가 해야 할 일은 우선 자녀의 마음과 행동을 따로 구분하는 것이다. 놀고 싶은 마음, 짜증나고 화나는 마음 모두 옳다. 공부하는 것보다는 놀고 싶은 것이 당연하고, 누군가 자신이 싫어하는 말을 하면 짜증이 난다. 정혜신이 말하듯 '네가 그랬다면 이유가 있을거야' 하고 보듬어주자. 그렇게 인정하는 것은 자녀의 존재 자체에 대한 신뢰와 수용을 의미한다. 이해만 해주어도 아이의 마음은 풀어진다. 잔소리를 들으면 짜증이 나고 야단을 맞을까 봐 거짓말을 하게 된다. 그런 마음이 드는 것을 이해하고 받아들이라는 것이다. 하지만 놀고 싶다고 노는 행동을 하고, 짜증난다고 짜증을 내는 것까지 받아들이고 수용을 하라는 것은 아니다. 어디까지나 마음만 수용해야 한다. 그렇지만 그런 행동을 실제로 했을 때 결과가 어떻게 될지에 대해서는 스스로 책임을 져야 한다는 것을 인식하도록 해야 한다. 그래서 스스로 행동을 결정하고, 통제할 수 있도록 해야 한다. 자신의 말과 행동의 결과에 대해 함께 이야기를 나누자. 다른 사람이 어떤 상처를 받을지도 함께 말이다.

아빠들은 엄마에게 혼나고 있는 아이들을 안쓰러워한다. 그래서 아내의 잔소리나 훈육을 나무라고 아이 편을 들곤 한다. 이런 태도는 자녀교육에 긍정적인 영향을 미치지 못한다. 설사 엄마가 지나치다고 할지라도 중간에 끼어들면 곤란하다. 아빠가 중간에 끼어들면 엄마는 항상 악역만 맡는 꼴이 된다. 그것은 아이에게도, 부부 사이에도 바람직하지 않다. 모든 상황이 종료된 후 자녀와 따로 이야기를 나누어야 한다. 자녀의 이야기를 충분히 들어주고 공감해주어야 한다. 아이의 마음을 충분히 보듬어 준 후 엄마의 속마음을 전하는 것이 좋다. 그리고 자신의 잘못을 인지하게 되면 엄마에게 가서 죄송하다고 먼저 사과하도록 해야 한다. 실수가 아니라 도덕적으로 큰 잘못을 한 경우는 아빠가 단호하지만 부드러운 어조로 야단을 치고 엄마가 거드는 것이 훨씬 효과적이다.

때로는 엄하고 어려울 수 있는 아빠의 칭찬은 자녀에게 큰 자신감을 준다. 또한 안정감을 심어주고, 높은 집중력을 발휘할 수 있게 한다. 아이와 함께하는 시간이 적기 때문에 칭찬을 많이 해야 하지만, 실제로는 야단을 치는 경우가 더 많다. 칭찬거리보다는 야단거리가 눈에 더 잘 띄기 때문이다. 부족한 부분은 못 본 척 넘어가라. 잘하는 행동에 큰 관심을 보이면 좋은 관계를 만들 수 있다.

3. 자녀의 현명한 선택을 이끌어내는
넛지 효과(Nudge Effect)

고기를 좋아하는 아들이 오늘도 고기반찬을 찾는다. 고기만 먹으면 영양 불균형으로 건강이 나빠진다고 아무리 말해도 소용없다. 안되겠다 싶어 그냥 채소를 밥상에 함께 올렸다. 먹든 안 먹든 항상 밥상에 다양한 색깔 채소를 넉넉하게 내놓았다. 그리고 맛있다며 넌지시 "한번 먹어 볼래?"라고 권했다. 어느 날부터인가 아들이 고기를 상추나 깻잎에 싸서 먹는다. 곧 말하지 않아도 갖가지 채소를 먹는 날이 많아졌다. 중학생이 된 아들은 양파, 마늘, 풋고추까지 된장에 쿡 찍어 맛있다며 먹는다. 강요나 명령보다 넌지시 스며들게 하는 넛지 효과가 이런 것인가 싶다.

아이들은 다른 사람을 배려해야 한다는 것도 알고, 윗사람을 존경해야 하며, 학교에서 열심히 공부해야 한다는 것도 잘 알고 있다. 하지만 모든 아이들이 다 부모가 원하는 바람직한 방향으로 행동하지 않는 것은 왜일까?

시카고대학 행동과학 및 경제학 석좌교수 리처드 세일러(Richard H. Thaler)와 하버드대학 로스쿨 교수 캐스 선스테인(Cass R. Sunstein)은 인간은 언제나 합리적이고, 이성적인 판단을 하는 것은 아니라고 말한다. 이성적으로는 열심히 공부를 해야 하고, 자신의 일은 알아서 해야 하며, 친구들을 괴롭히면 안 되고, 정직해야 한다는 것을 안다. 하지만 공부를 하지 않고 놀거나, 해야 할 일을 미루고, 친구들을 괴롭히며, 거짓말을 할 때가 있다. 도덕적인 판단은 할 수 있는데 올바른 행동을 하지 않는 아이들에게 무조건 바람직한 행동을 요구한다고 해결이 될까? 소용이 없는 경우가 더 많다. 선스테인과 연구자들은 인간의 심리를 경제학이나 인간의 행동에 적용했는데, 이것이 바로 '넛지(Nudge)'다.

'넛지'의 사전적 의미는 '팔꿈치로 쿡쿡 찌르다'라는 뜻이다. 경제학적인 용어로 먼저 쓰였는데, 요즘은 심리학적 용어로도 자주 언급된다. 선택을 유도하는 부드러운 개입, 즉 사람들을 바람직한 방향으로 부드럽게 유도하되, 선택의 자유는 여전히 개인에게 열려 있는 상태를 말한다. 《넛지》에서는 편견 때문에 실수를 반복하는 인간들을 부드럽게 '넛지'함으로써 현명한 선택을 이끌어낼 수 있다고 주장한다. 심지어 그들은 넛지가 모든 행동을 결정한다고 말한다.

필자는 이를 교육학적으로 적용해도 되겠다는 생각을 했다. 부모들이 일방적으로 자녀들의 삶을 설계하고 꿈을 재단하는 것이 아니라, 부드럽게 '넛지'함으로써 스스로 현명한 선택을 할 수 있게 도와주는 것이다. 자녀가 엉뚱하거나 나쁜 짓을 할 때 너무 정색하며 야단치기보다는 살짝 넛지를 넣어라. 자녀가 '이렇게 할까? 저렇게 할까?' 망설일 때 충고나 조언보다는 부모의 생각을 넌지시 넛지해라. 올바른 방향으로 강하게 몰아붙일 때보다 자녀들은 오히려 더 현명한 방향으로 핸들을 돌린다.

부모를 위한 Tip.

1. 자녀가 울거나 힘들어 하면 아무리 바빠도 눈을 맞대고 관심 가지기
2. 잘한 행동에는 즉각적으로 반응해 칭찬해주고, 잘못된 행동에는 모른 체하고 관심을 두지 않기
3. 문제 상황에서 적절한 해결방안을 제시하기보다는 넛지하기
4. 자녀에게 '충조평판(충고, 조언, 평가, 판단)'을 하지 않기
5. 자녀의 잘못된 행동이 아니라 그 마음에 초점을 맞추어 보듬어 주기
6. 잘못을 반복적으로 할 때는 따뜻한 눈빛으로, 하지만 아주 단호하게 말하기
7. 어제 하면 안 되는 일은 오늘도 하면 안 되고, 내일도 하면 안 되는 일관성 가지기

04

맞벌이 부모 리포트

1. 자녀와 함께하는 시간은 양보다 질이 중요하다

아이가 초등학교 입학을 하고 두어 달이 채 되기도 전이었다. 아이가 학교에 없다고 전화가 왔다. 아침에 아빠와 같이 나갔는데 학교에 없다니 청천벽력 같았다. 친구들이 숙제를 가지러 집에 간다고 했단다. 너무나 놀라고 당황스러워 집으로 달려갔다.

아이는 아무 일도 없는 듯 거실 소파에 누워 있었다. 그때 담임 선생님께서 또 전화를 했다. 전날 숙제를 안 해와서 손바닥을 때렸다는 것이다. 무슨 일이 있었는지 짐작이 갔다. 그날 아침 갑자기 벌떡 일어나더니 자기 방에 가서 무엇을 열심히 적던 모습이 떠올랐다. 아이의 방에 가보니 아침에 열심히 숙제를 한 노트가 그대로 놓여 있었다. 숙제를 해놓고 깜빡하고 안 가져가서 가지러 온 것이 틀림없었다. 아이에게 옛날에 엄마도 숙제를 안 해가서 담임 선생님께 혼나고 손바닥을 맞았다는 이야기를 했다. 아이는 꼼짝 않고 책장만 넘겼다. 가방을 들며 이제 숙제 챙겨서 학교에 가자고 하니 학교에 안 가겠다고 한다. 순간 눈물이 왈칵 쏟아졌다. 당장 내가 학교를 그만두어야겠다는 생각마저 들었다.

그 이후 나는 아이가 혹시나 학교에 가기 싫다고 하면 어쩌나 조마조마했고, 혹시 학교에서 아이가 안 왔다고 전화가 오면 어쩌나 노심초사하며 살았다. 그 후로 고맙게도 한 번도 학교에 가지 않겠다는 말을 하지 않았다.

그로부터 15여 년이 지났고, 딸은 어엿한 대학생이다. 얼마 전 우연히 옛날 그 이야기를 하게 되었다. 그런데 놀랍게도 그때 일을 거의 기억하지 못했다. 다행이라는 생각도 들었지만, 한편으로는 지우고 싶은 기억이었나 싶은 생각에 가슴이 아렸다.

맞벌이 부부는 이렇게 가슴 먹먹해지는 일을 겪을 때가 많다. 사소한 준비물 챙기기부터 아플 때 옆에 있어 주지 못하는 것까지 애간장을 녹이는 일들이 한두 번이 아니다. 아직 우리나라는 직장 내 탁아나 보육시설이 되어 있는 곳이 많지 않다. 일이 있을 때마다 직장 상사에게 말하고, 아이와 관련된 일을 처리하기도 쉽지 않은 분위기다. 핵가족화 되면서 부탁할 데도 마땅찮고 늘 아이 걱정에 마음 졸이는지라 직장을 그만두는 경우도 많다. 사정이 좋아 가끔 시댁이나 친정에 아이를 맡기는 경우는 그래도 다행이다. 하지만 너무 오랫동안 이어지는 자녀와의 시간적 공백은 전인교육에 부정적인 영향이 더 크다.

아이가 학령기가 되면 더 골머리를 앓는다. 귀가시간이 빠른 초등 저학년은 부모의 퇴근 전까지 돌봄의 공백이 생긴다. 성장기에 필요한 간식 챙기기부터 학교과제나 준비물도 챙겨야 하지만, 맞벌이 부부에게는 모든 것이 녹록지 않다.

필자도 앞의 사건으로 학교를 그만두어야 하나 진지하게 고민을 했다. 그런 와중에 영어 지문을 읽다가 미국의 텍사스대 연구팀이 수행한 연구결과를 읽고, 마음에 큰 위안을 얻었다. 그 연구팀의 휴스턴 박사는 '엄마가 아기와 보내는 시간의 총량은 엄마와 아기의 긍정적 관계 형성에 결정적인 요인이 아니다'라고 하면서 '대신 엄마의 성격 등 다른 요인들이 아이의 향후 성격 형성과 행동에 더 큰 영향을 미친다'라고 발표한 내용이었다. 그리고 대부분의 자녀는 전업주부인 엄마보다 일하는 엄마를 더 선호한다면서 함께하는 시간의 양보다 질이 더 중요하다고 보았다.

맞벌이 부부라서 자녀와 충분한 시간을 함께할 수 없다는 미안함 때문에 너무 자책하지 않아도 된다. 자녀와 함께하는 시간의 양이 중요한 것이 아니라, 함께할 때 어떻게 시간을 보내느냐가 더 중요하다. 시간이 허락된다면 되도록 자녀와 함께 보내야 한다. 함께하는 동안만큼은 최대한 자녀에게 집중해야 한다. 같은 공간에 있다고 자녀와 함께 시간을 보내는 것이 아니다.

식당에서 가족처럼 보이지만, 모두 각자의 핸드폰만 만지고 있는 4명이 한 테이블에 앉아 있는 모습을 자주 보곤 한다. 그런 모습을 볼 때마다 필자는 조금 안타까운 마음이 든다. '서로 얼굴을 보며 웃기에도 모자란 귀한 시간일 텐데' 하는 생각이 든다. 물론 여러 업무를 처리해야 할 수도 있고, 급한 답을 보내야 할 때도 있을 것이다. 하지만 그렇지 않다면 자녀의 얼굴을 마주하고 웃어보자. 눈동자를 맞추고, 손도 잡아보자. 오늘 어떤 일이 있었고, 어떤 기분인지도 물어보자.

충분한 스킨십은 자녀와 긍정적인 애착관계를 형성하는 역할을 한다. 하루에 한 번은 자녀의 눈과 얼굴을 보고, 사랑스러운 눈빛을 교환하면서 충분한 스킨십을 하는 것이 좋다. 매일 맹숭맹숭하게 얼굴을 맞대고 있는 것보다 짧은 만남이라도 오롯이 자녀에게 집중하는 편이 훨씬 더 교육적이다.

맞벌이 부부의 자녀양육 Tip.

1. 육아를 맡는 사람과 좋은 관계를 유지하기
2. 되도록 자녀와 함께 밤을 보내기
3. 함께하는 시간 동안은 자녀에게 집중하기
4. 같이 있는 시간 동안 눈 맞춤이나 스킨십 등 사랑의 표현을 충분히 하기
5. 함께하는 시간동안 할 일이 쌓여 있어도 자녀의 이야기를 끝까지 들어주기
6. 자녀가 좋아하는 노래를 기억하고 함께 듣기
7. 자녀와 함께 영화 보기

2. 아이 스스로 계획하도록 기회를 주자

일이 있어 조퇴를 하고 조금 일찍 퇴근을 했다. 그런데 집에 있을 시간이 아닌데 아이가 집에 있다.

"오늘은 피아노 학원에 안 갔니?"

"네, 오늘 학교에서 동아리 활동을 늦게 마쳐서 피아노 학원을 수요일로 미뤘어요."

"그랬구나. 그럼 내일 엄마랑 한 약속은?"

"수요일밖에 시간이 없어서 수요일로 바꿨어요. 엄마랑 영화 보러 가기로 한 약속 못 지키겠어요. 미안해요. 다음 주에 가면 안 될까요?"

맞벌이를 하는 터라 필자의 자녀들은 초등학교 다닐 때부터 자신의 학원이나 그 외의 스케줄을 자기가 관리하고 있다.

맞벌이 부부는 자녀를 지원할 시간이 절대적으로 부족하다. 직장에서도 다른 아이들보다 뒤처질까 봐 걱정하고, 불안해 한다. 그래서 미안해 하고, 그에 대해 물질적인 보상으로 상쇄하려는 마음이 먼저 들기도 한다. 원하는 학교에 진학시키지 못한 것이 꼭 맞벌이 때문인 것 같다. 대부분 워킹맘이 겪는 직장생활의 위기다. 위기(危機)의 '기(機)'와 기회(機會)의 '기(機)'는 같은 한자를 쓴다. 위기라고 생각하는 것을 기회로 만들어보자.

부모가 시간이 없는 것이 자녀의 자기주도학습이나 자기관리역량을 기르는 데는 더 효과적일 수 있다. 부모가 스케줄을 조정하고 관리를 못해주니 자녀들이 스스로 알아서 할 수 있게 되는 것이다. 자기의 할 일을 스스로 계획하도록 기회를 주자. 자녀들은 의외로 잘 해낸다. 물론 저녁에 돌아오면 그 계획의 타당성과 실천 가능성 등을 함께 점검하고 지원해야 한다. 수정이나 개선이 필요하다면 대화를 통해 보완할 수 있도록 하고, 때로는 조정이나 타협도 필요하다. 그런 다음 스스로 실천하도록 하자. 스스로 실천하고 성취를 한 결과와 노력한 과정에 대해 큰 칭찬을 해야 한다. 이런 과정이 반복되면 스스로 계획하고 실천하며, 스스로 성찰해 계획을 수정하는 선순환이 되고, 자기관리 역량이 커진다.

걱정이 되는가? 충분히 할 수 있다. 자녀를 믿어야 한다. 예전에 부모 자신들도 다 한 일이다. 부모들이 알아서 미리 다 해주는 데 익숙한 아이들은 스스로 할 수 있는 힘이 약해진다. 꾸준히 힘들게 운동을 해야 근육이 붙는 것과 같은 이치다. 온실 속 화초로 키우면 약한 비바람에도 견뎌내기 힘들다. 자신의 스케줄을 스스로 관리할 수 있어야 한다.

3. 상상 그 이상, 아빠의 역할

아들이 친구한테서 엽전을 하나 얻었다고 좋아했다. 엽전의 녹을 제거하기 위해 컵에 콜라를 붓고, 그 엽전을 넣어 부엌에 두었다. 그런데 저녁에 돌아온 아빠가 그 콜라를 마시고 말았다. 반쯤 마시다가 밑바닥에 동전을 발견하고는 "이게 뭐지?" 하자 아들은 박장대소를 하고 웃는다. 그날부터 아들은 '아빠는 엽전 콜라 좋아하지' 하며 놀리기 시작했다.

남편은 어느 날 버릇처럼 귀를 파고 있었는데 귀이개 솜이 그만 귓속으로 들어가고 말았다. 그래서 아들과 함께 병원 응급실에 가서 솜뭉치를 빼내야 했다. 그날부터 "귀를 파다가 응급실에 가줘야 아빠의 완성" 하며 또 놀리는 것이 추가되었다.

모처럼 시간이 나서 저녁 식탁을 근사하게 차렸다. 남편은 한 상 차려진 식탁 앞에서 그대로 손을 높게 뻗으며 "용감한 녀석들!" 하고 소리쳤다. 그 순간 식탁 위의 샹들리에가 산산이 부서져 음식 위로 쏟아졌다. 우리는 모두 어이가 없어 남편의 얼굴을 쳐다보았다. 아들이 "아빠의 용감함을 보여줬어" 하며 웃자 모두 크게 웃었다. 그날 우리는 배달음식을 먹어야 했다.

그 당시 〈개그 콘서트〉에서 '용감한 녀석들'이라는 코너가 있었다.

한숨 대신 함성으로
걱정 대신 열정으로
포기 대신 죽기 살기로
우리가 바로 용감한 녀석들
보라. 너의 용감함을 보여줘!

그 코너가 한창 인기를 모으던 때였다. 그리고 우리 아들도 열심히 따라 하곤 했다. 또한 패션을 주제로 노래하며 사회를 풍자한 '전국구'라는 코너도 인기몰이를 하고 있었다. 음악에 맞추어 "저렇게 입으니까 멋이 없지. 액세서리 해줘야 패션의 완성" 하는 노래였다.

그 후 아들은 노래를 만들어 수시로 아빠를 놀렸다.

"그냥 콜라를 마시면 재미없지. 엽전을 넣어줘야 아빠의 완성.
그냥 귀를 후비면 멋이 없지. 응급실에 가줘야 아빠의 완성.
그냥 밥 먹으면 재미없지. 샹들리에 깨줘야 아빠의 완성."

춤과 함께 아빠를 놀리는 통에 아빠는 민망해 했지만, 가족은 모두 함박웃음을 웃을 수 있었다. 아들은 국어 수업시간 말하기 수행평가에서 이 이야기를 해서 큰 인기를 얻었다고 말했다.

얼마 전까지만 해도 자녀교육은 주로 엄마가 도맡았다. 아빠의 역할이 그리 크지 않았다. 집안일도 대부분 엄마가 하고, 아빠는 도우는 식이었다. 아빠는 경제적으로 안정되고 시간적 여유가 되면 놀아준다면서 아이들과 함께하는 시간을 뒤로 미루기 일쑤였다. 하지만 시대가 변했다. 급속한 경제체제의 변화와 핵가족화로 인해 자녀 양육은 공동의 관심사가 되었고, 부부 공동의 참여와 책임이 요구되고 있다. 부부가 공동으로 육아분담에 관여하는 일이 점점 더 일반화되고 있다. 하지만 아빠들은 아빠 역할의 롤모델이 없어 여전히 제자리를 찾지 못하고 있는 것이 현실이다. 엄마가 자녀교육을 완전히 전담하다가 아빠가 가끔 관여하게 되면 부부 갈등을 낳기도 한다. 그런 일이 잦아지면 아빠는 점점 자녀들과 멀어지게 되고, 서로 서먹해지게 된다.

아빠가 자녀에게 미치는 영향

미국 코네티컷 대학 '대인관계의 수용과 거부연구 센터'의 로널드 로너 박사 연구팀의 연구에 따르면 아빠의 역할은 상상 그 이상이다.

---

1. 아빠는 자녀의 긍정적인 사고에 영향을 미친다.
2. 아빠와 많은 대화를 하는 자녀는 언어발달이 빠르고 사회성이 높다.
3. 아빠와 잘 지내는 자녀는 자신감이 높다.
4. 아빠와의 놀이는 세상을 바라보는 안목을 넓혀준다.
5. 아빠의 건강이 아이의 건강을 좌우한다.
6. 아빠의 흡연이 아이가 백혈병에 걸릴 확률을 높인다.

아빠와의 관계는 자녀의 인격형성과 성품에 큰 영향을 끼친다는 연구결과가 연이어 발표되고 있다. 어느 가정에서나 엄마의 역할은 비슷하고 별 차이가 없는 것 같다. 하지만 아빠의 역할은 가정마다 아주 큰 차이를 보이고 있다. 이러한 차이가 아이의 인성과 성향에 큰 차이를 만든다고 한다. 아빠 역할을 어떻게 하는 것이 최선일까? 예전에 엄한 아버지 밑에서 자란 남자들은 대부분 자녀에게 친구와 같은 아빠가 되려고 노력한다. 말도 놓고 격의 없이 지낸다. 또 어떤 아빠는 너무 격의 없이 지내면 예의가 없어진다며, 여전히 엄격한 잣대

를 적용한다. 둘 다 맞다. 때로는 엄한 잣대를 적용하지만, 때로는 다정하고 너그러운 아빠가 되어야 한다. 이런 적절한 대처는 참 어려운 일이다. 적절한 매뉴얼이 있다면 얼마나 좋을까? 하지만 그런 것은 세상 어디에도 없다. 가장 중요한 것은 부모들의 언행 밑바탕에 깔려 있어야 하는 사랑과 신뢰다.

아빠들은 아이를 보라고 하면 정말 쳐다보기만 한다. 같은 공간에 있지만 신문을 읽거나 TV를 보며, 아이는 아이대로 노는 것이 일반적인 모습이다. 요즘은 시대가 많이 변했다고는 하나 가부장적인 분위기에서 자란 남자들은 아이를 어떻게 봐야 할지도 모른다. 우선 많이 안고, 몸으로 부딪치는 놀이를 함께하는 것이 좋다. 침대 위에서 함께 뒹굴거나 목마 태우기도 좋다. 아빠에게 업히거나 몸으로 부딪치며 놀면 훨씬 더 가까워진다. 아빠의 넓은 품과 든든한 어깨는 아이에게 안정감을 준다. 어릴 때 아빠의 등에 업힌 경험은 자라서 오래도록 기억에 남는다. 어린 자녀들은 말보다는 몸으로 하는 놀이에 민감하며, 그러한 놀이가 친밀감을 형성하는 데 더 효과가 있다.

게다가 아빠의 다정한 중저음의 목소리는 안정감을 주며, 성장기에 아빠와의 놀이는 사회성과 자신감을 준다는 연구결과도 있다. 그래서 편안하고, 다정한 아빠 밑에서 자란 아이는 항상 밝고 안정적이다. 다음은 구체적인 아빠의 역할이다. 우선 아빠로서 할 수 있는 역할을 정하고 하나씩 실천해보자.

다정하고 자상한 아빠가 되자

엄마의 다정다감한 말과는 대조적으로 아빠의 무미건조한 말은 자녀에게 거리감을 주기 쉽다. 쉽게 말을 걸기도 어렵다. 그러다 보면 차차 멀어지고 서먹해지며, 청소년기가 되면 더욱 심각해진다. 자녀가 잘못을 했을 때 버럭 고함을 지르는 것은 최악의 상태를 만든다. 성인 남성의 고함소리는 '포식자들의 포효' 소리처럼 들린다. 자녀는 그 소리에 움츠러들고 겁을 먹게 된다. 엄마는 잔소리를 하더라도 관계형성이 되어 있어서 관계회복이 빠르다. 하지만 평소 무뚝뚝하거나 큰소리로 야단만 치는 아빠는 칭찬도, 꾸중도 효과가 없다. 아무리 피곤하더라도 자녀가 말을 걸면 다정한 목소리로 답해야 한다. 자녀가 걸어오는 장난에 장단을 맞춰 주면 자녀와의 친밀한 관계를 잘 형성할 수 있다. 사소한 잘못은 못 본 척 지나쳐도 좋다. 오히려 관대하게 처리해야 한다. 스킨십과 함께 자상하게 설명을 해주는 다정한 아빠는 세상에서 가장 든든한 울타리가 된다.

집안일에 아빠의 역할을 늘리자

옛말에 '품 안의 자식'이란 말이 있다. 자녀는 초등학교 고학년만 되어도 부모를 떠날 준비를 한다. 부모와 마찬가지로 자녀도 기다려 주지 않는다. 중학생이 되면 부모보다 친구들과 놀거나 혼자 있기를 더 좋아한다. 서서히 독립의 길을 걷는다. 연배가 많은 직장동료들로부터 시간이 지나 중년이 되었을 때 가장 후회하는 것 중 하나가 바로 자녀와 함께하지 못했던 것이라는 말을 자주 듣는다. 어릴 때 되도록 많은 시간을 함께하는 것이 좋다. 자녀와 함께 쓰레기 분리수거를 한다든지, 화분 가꾸기 같은 집안일을 담당하는 것은 어떤가? 집안일 중에 자녀와 함께할 수 있는 구체적인 일을 맡자. 가족회의를 통해 사소한 가족의 일을 결정하고 함께하는 것도 좋다. 아빠가 가족의 일을 결정할 때 중요한 역할을 한다는 것을 보여줌으로써 자녀는 아빠를 신뢰한다.

일정하고 밀도 있게 아이와 보내자

바쁜 일상에서 자녀에게 온전히 시간을 할애하기란 쉽지가 않다. 특히 직장에서 늦게까지 일을 하고 귀가한 후에는 만사가 귀찮아서 쉬고 싶다. 하지만 자녀와 함께하는 시간을 일정하게 가져야 한다. 귀가하자마자 1시간도 좋고, 저녁 식사시간을 전후로 1시간씩 함께하는 것도 좋다. 저녁을 먹고 귀가할 경우에는 아이가 잠들기 전 1시간은 어떤가? 그럴 시간마저 없다면 자투리 시간을 활용해도 된다. 출근 전, 잠자리에 들기 전에 아이들과 눈을 맞추고 이야기를 해주면, 아빠가 언제나 자신에게 관심을 가지고 있다고 느끼게 된다. 주말에 일정한 시간을 정해 자녀와 3시간 이상 함께해야 한다. 한나절이나 하루를 함께하면 자녀의 성향을 파악할 수 있다. 일정하고 밀도 있게, 온전히 자녀와 함께 지내는 시간을 갖자. 그러면 자녀에게 어떻게 해줘야 하는지도 알게 되어 관계가 더욱 끈끈해진다.

자녀의 눈높이에 맞추자

　엄마와는 달리 아빠가 아기자기하게 아이의 눈높이에 맞추어 놀기란 쉽지 않다. 아빠는 갑자기 장황한 설교를 하거나, 대뜸 진지한 진로 이야기로 자녀를 당황하게 만드는 경우가 많다. 그러면 아이들은 아빠의 말을 잔소리로 여기고 대화를 피한다. 즐거운 대화를 위해 자녀의 관심사를 대화의 소재로 하는 것이 좋다. 또래의 발달과정에서 어떤 것에 몰입하고, 무엇에 신경을 쓰는지 살펴야 한다. 어린이 TV 프로그램, 게임이나 장난감, 책, 옷 등 지금 자녀가 하고 있는 것에 관심을 가져주면 된다. "라떼는 말이야……"하면서 자신이 겪어야 했던 어려움이나 노력을 절대 강요하지 말아야 한다. 어른들의 생각과 가치관을 잠시 접고 동심으로 돌아가자. 자녀의 눈높이에 맞춰 꾸준히 소통하는 아빠는 자녀와 공감대를 형성할 수 있다. 자녀들은 부모와의 대화를 통해 어휘력이 향상되며 호기심이 커진다. 또한 자신의 인생무대를 조금 더 넓히게 된다.

선택의 폭을 줄여주자

　인생은 선택의 연속이라고 할 만큼 우리의 삶에는 선택해야 할 일이 많다. 시대의 변화와 함께 부모들은 자녀들에게 선택권을 많이 넘겨주었다. 그러나 아이들은 무한하게 주어지는 자신의 선택권을 부모의 기대만큼 자신 있게 발휘하기 쉽지 않다. 예를 들면 도서관에서 부모가 무작정 "읽고 싶은 책을 골라"라고 한다면 자녀는 어떤 책을 골라야 할지 막막해진다. 그럴 때 "이쪽은 네가 좋아하는 과학 분야의 책들이 있고, 저쪽에는 세계의 역사와 문화와 관련된 책들이 있단다. 오늘은 이 두 분야에서 책을 골라볼까?"라든지, 아니면 인문 분야를 읽고 싶은지, 자연이나 과학 분야에서 읽고 싶은 것이 있는지를 물어보는 것은 어떨까? 또는 중국집에서 무슨 음식을 먹을지 결정하지 못할 때, 하나만 선택하라고 바로 못 박을 것이 아니라 두 개 또는 세 개를 정하라고 해보자. 그다음 다시 한 가지를 선택하게 한다면 아이는 더 쉽게 결정을 한다. 가족여행지나 자신의 진로에 대해서도 마찬가지다. 아빠가 선택의 범위를 좁혀준다면 아이들은 막막함에서 조금 더 구체적으로 방향을 잡아갈 것이다.

아빠가 함께할 수 있는 Tip.

1. 아이와 단둘이 카페에서 좋아하는 차 마시기

2. 좋아하는 게임이나 놀이, 축구나 야구 등 운동 함께하기

3. 엄마에게 혼난 아이 하소연 들어주기

4. 작은 성취나 노력에도 적극적으로 칭찬해주기

5. 퍼즐이나 조립 함께하기

6. 학교생활이나 친구와 있었던 이야기 들어주기

7. 최근에 재미있게 본 영화나 책에 대해 이야기하기

8. 아빠의 어린 시절 이야기 들려주기

05

딸 vs. 아들, 같게 또 다르게

1. 차별과 구별 사이(차별 vs. 구별)

4살 난 아들이 아침부터 떼를 쓴다. 굳이 치마를 입고 어린이집을 가겠다고 한다. 2살 위인 누나가 매일 치마를 입으니 자기도 입고 싶단다. 집에서는 자주 치마를 입기도 했다.

"그래, 입고 싶으면 입고 가. 어떤 치마 입고 갈래? 네가 골라."

그러자 아들은 화려한 캉캉치마를 고른다. 그것이 좀 예뻐 보인 모양이다. 기분 좋게 무릎까지 오는 컬러풀한 캉캉치마를 입고 등원을 했다. 머리도 예쁘게 묶었다. 어린이집에서는 아무런 연락이 없었다. 저녁에 귀가한 아들은 얼른 치마를 벗었다.

"아들, 왜 치마를 벗어?"

"애들이 놀려."

"그래? 왜 놀렸을까? 내일 또 치마 입고 갈 거야?"

"아니. 이제 나 치마 안 입을 거야."

우리나라에는 '남자는 이래야 한다. 여자는 저래야 한다'고 하는 성역할에 대한 기준이 있어왔다. 그래서 어릴 때부터 여성과 남성의 역할을 고정해 그에 맞게 행동하기를 강요한다. 그러나 자녀들은 부모들이 사는 세상과 전혀 다른 세상을 살아갈 가능성이 높다. 딸이라고 또는 아들이라고 고정적인 성역할이나 절대적인 기준을 제시하는 것은 진부한 생각이다. 성역할을 강요하지 않고 자녀의 특성이나 성격을 존중해주어야 한다.

"사내 녀석이 울긴 왜 울어?"라거나 "여자는 몸가짐을 조심해야지"라는 말로 은연중에 고정적인 기준을 강조하는 말들을 하고 있지 않은지 점검하는 것이 필요하다. 그 외에도 딸에게만 식사준비나 집안청소를 돕게 한다든지, 아들은 부엌에 못 들어오게 하고 소꿉장난을 하며 노는 것보다는 나가서 놀도록 한다든지 하는 것은 자녀에게 성역할에 대한 편견을 심어 줄 수 있다.

2. 때로는 말로, 때로는 몸으로

주말 아침 늦은 아침을 준비하고 있는데, 아이 방에서 비명 소리가 들린다. 늘 아이들과 침대에서 몸싸움 놀이로 주말 아침을 시작하는 데 익숙해 있는 터라 대수롭지도 않다. 침대 위에서 구르고 씨름하며 때로는 울음을 터트리는 경우도 흔히 있는 일이다. 특히 간지럼을 잘 타는 아들과 딸은 몸에 손만 대면 온몸을 비틀며 고함을 지른다. 그런데 이번에는 좀 다르다. 큰 소리와 함께 갑자기 조용해진 것이다. 작은 싱글침대 위에서 쿵쾅거리며 10분 이상은 남편과 아들, 딸 3명이 한데 뒹굴기 일쑨데, 이번에는 긴 비명 뒤 고요가 찾아왔다. 무슨 일인지 놀라서 달려갔다. 딸과 아들 그리고 남편은 방바닥에 주저앉아 내려앉은 침대를 물끄러미 보고 있다. 싱글침대는 건장한 남자와 아이들 2명의 무게를 이기지 못하고 내려앉고 말았다. 오늘 하루 그렇게 놀았다고 부서졌겠는가. 주말마다 저렇게 침대 위에서 몸싸움을 하니 침대의 수명이 금세 줄어들었으리라. 그날 세 사람은 또 침대를 수리하느라 귀한 오후를 다 보냈다.

침대 수리를 마치고 함께 산책을 나갔다 오는 길에 집 앞 길가에서 새 한 마리가 처참하게 죽어 있는 것을 보았다. 아들은 소스라치게 놀라며 뒷걸음질을 치는데, 딸은 나뭇가지를 하나 주워 가까이 다가가 호기심 어린 눈으로 이리저리 살펴본다. "어쩌다 다쳤지?" 하면서 물어줘야겠다고 한다.

딸과 아들은 생리적인 면에서 차이는 있지만, 아이들의 성격이나 역할은 거의 가정이나 사회로부터 학습된 결과일 가능성이 높다. 태어나면서부터 줄곧 남자와 여자의 구별된 성향과 역할을 보고 들으며

자란다. 그래서 처음에는 남자와 여자의 차이가 별로 없다가 성장하면서 그 구별이 더 뚜렷해지는 것은 아닐까.

딸과 아들의 구별보다는 자녀의 성격과 성향의 차이를 알고, 그 특성에 맞는 놀이를 제공하는 것이 중요하다. 특히, 비슷한 연령의 남매를 키우는 경우 서로 구별해 대하면 차별이라 느낄 수도 있다. 시각적인 면, 언어적인 면, 상대방을 이해하고 공감하는 정서적인 능력이 조금 돋보이는 자녀와 신체 쓰는 것을 좋아하고 체계적인 규칙, 공간지각능력, 사고력, 판단력에서 두각을 나타내는 아이를 구별해 놀아주는 것이 중요하다. 즉 자녀의 성격이나 성향이 조용하고 실내에서 노는 것을 좋아하는지, 외향적이고 활발해서 몸으로 노는 것을 좋아하는지에 따라 놀이의 방법을 달리 해야 한다는 것이다. 전자에 속하는 아이들은 재미난 이야기나 노래, 끝말잇기 등 조잘거리며 말로 하는 놀이를 좋아하고 몸싸움 같은 육체적인 놀이에 스트레스를 받는 반면, 후자에 속하는 아이들은 말로 설명하는 놀이보다는 스포츠와 같이 몸을 크게 쓰는 놀이를 좋아한다.

그러니 자녀의 성격이나 신체조건을 이해하고 그에 맞는 놀이를 알고 있으면 필요시 자녀에게 적절한 놀이를 제공할 수 있다. 물론 아이의 성향이 내성적이고 몸의 움직임을 싫어한다고 해서 항상 그런 것은 아니다. 주로 자녀의 성향에 맞추어 놀아주고, 때로는 반대의 놀이도 가끔 함께한다면 성격이 너무 고착화되는 것을 방지할 수 있다. 자녀가 침울해 하거나 스트레스를 받을 때 자녀가 좋아하는 놀이를 먼저 제안해보자. 그러면 아주 큰 미소로 답해줄 것이다.

말로 노는 놀이	신체적으로 노는 놀이
• 말과 행동에 민감하게 반응해주기 • 요리의 과정이나 그날 있었던 일 이야기하며 기분 말하기 • 볼에 뽀뽀하기, 백허그, 다정하게 안아주기 등 신체적 접촉 자주 하기 • 귓속말로 칭찬해주기 • 끝말잇기 놀이하기 • 업어주거나 목마 태워주기 • 하고 싶은 말 편지로 쓰기 • 팔짱 끼고 산책하기나 등산하며 이야기 들어주기	• 업어주거나 목마 태워주기 • 침대에서 함께 뒹굴며 장난치기 • 야구, 축구, 배드민턴 등 다양한 스포츠 함께하기 • 연이나 새총 같은 장난감 함께 만들기 • 함께 요리하기 • 야외에서 캠핑하기 • 함께 낚시하기 • 바둑이나 장기 두기 • 함께 컴퓨터 게임하기

Q&A 이럴 때는 어떻게 해야 하나? (초등)

1. 자기가 해야 할 일을 하지 않고 뒤로 미룰 때

살다 보면 오늘 해야 할 일을 내일로 미루는 일이 많다. 아이들은 더욱 심하다. 오늘 할 일을 굳이 하지 않아도 엄마가 대신 해주거나 별 문제가 없기 때문이다. 뒤로 미루는 습관을 나무라거나 꾸중하는 것은 오히려 더 부정적인 영향을 끼칠 수 있다. 자녀에게 자신이 해야 할 일을 하지 않았을 경우 오는 불이익을 감당하게 하고, 그에 따른 책임을 지도록 하면 미루는 일이 줄어들 것이다. 이런 것도 습관이다. 조금 불편하고 마음이 아파도 부모가 대신해주면 자녀의 독립심과 자립심을 기르는 것이 힘들어진다.

2. 학교 가기를 싫어할 때

학교 가기 싫어하는 경우는 크게 2가지 이유를 생각할 수 있다. 친구 문제이거나 선생님에게 큰 꾸지람을 들은 경우다. 그 2가지 중 더 큰 문제가 친구 문제다. 교사들이 성적이나 행동의 문제로 학생에게 비이성적으로 야단을 치거나 혼내는 일이 거의 없기도 하지만, 요즘 학생들이 성적보다 더 중요하게 여기는 것은 바로 친구관계다. 친구들 사이에서 따돌림을 당하거나 누가 SNS로 자신의 욕을 했다는 것을 알게 되면 수업도 빼먹고 심지어 결석도 한다. 소속감이 없어지거나 혼자라고 느낄 때 못 참아 하고, 큰 스트레스를 받는다. 교우관계를 잘 살펴보고 자녀와 소통하며 공감해주자.

3. 수줍음을 많이 탈 때

낯선 사람을 만나면 늘 엄마의 치마폭 뒤로 숨는 아이가 있다. 그럴 때 왜 그렇게 바보같이 구냐고 야단을 치거나 다그치면 자녀는 더 자신감을 잃는다. 아이의 수줍음을 인정해주고, 사람들은 누구나 그럴 때가 있음을 알려주어야 한다. 내성적이고 소심한 아이도 어떤 우연한 경험을 통해 적극적으로 변화하기도 한다. 단점으로 보지 말고, 오히려 타인을 배려하는 특징으로 인정해주어야 한다. 사소한 노력에 대해 격려를 하고 인정을 해주면 서서히 자신감이 생긴다.

1. 말을 안 하는데 어떻게 해야 방문을 열까?

부모에게 말을 하지 않는 것은 원인이 있다. 자녀가 말을 했을 때 무성의하게 대답을 했거나 짜증을 냈을 가능성이 크다. 혹시나 자녀의 말을 무시했거나 비아냥거리지 않았는지를 돌아봐야 한다. 자녀와의 사이에서 가장 큰 장애물은 불신이며, 자녀에게 폭언이나 폭력을 행사했다면 자녀와 대화의 물꼬를 트기란 쉽지 않다. 함께 전문가에게 상담을 받는 것이 좋은 방법이다. 이런 경우는 쉽게 관계가 개선되기 어렵기 때문이다. 단순히 성격상 말이 없는 경우라면 쉽게 대화로 풀어갈 수 있다. 아무리 수줍음을 타더라도 부모를 어려워하는 사람은 없기 때문이다.

2. 갖고 싶은 것은 떼를 쓰며 사달라고 하는데 무조건 사줘야 하나?

자녀가 갖고 싶다고 하는 것을 무조건 사주는 것은 전혀 사주지 않는 것만큼이나 위험하다. 무엇이든 갖고 싶은 것은 가질 수 있다는 인식을 심어주게 되기 때문이다. 자녀의 이야기를 듣고 부모의 철학이나 가치관의 기준에 합당하면 사주어도 무방하지만, 그렇지 않은 경우는 타협이 필요하다. 자녀에게 필요한 이유를 충분히 설명하게 하고, 이유와 명분이 분명하면 조금 고가라 할지라도 사주는 것이 좋다. 만약 그렇지 않은 경우라면 아무리 싼 것이라도 사주지 않는 원칙을 고수해야 한다. 그러면 자녀도 가치판단을 할 수 있게 된다. 이런 경우 일관성 있게 대처하는 것이 무엇보다 중요하다.

3. 게임과 인터넷 중독, 지나치게 외모에만 빠져 있다

게임이나 인터넷 중독에 빠지는 경우는 2가지 이유가 있다. 하나는 순전히 게임이나 인터넷 놀이가 재미있어서 끌리는 것이고, 다른 이유는 자존감이 낮아서다. 전자의 경우는 큰 문제가 없다. 게임이나 관련 일에서 큰 성공을 할 가능성도 있기 때문이다. 후자의 경우는 해결이 필요하다. 오프라인에서 자신의 존재감을 확인하지 못하는 아이들은 온라인에서 확인하려고 한다. 온라인에서는 외모도, 말솜씨도, 성적도 중요하지 않고, 익명성이 보장되기 때문이다. 외모도 마찬가지다. 외모로 타인의 눈길을 끌고, 주의집중을 시키려고 하는 것이다. 대부분의 아이들은 그대로 인정해주고 사랑과 정성을 다하면 큰 문제가 없다. 그것을 심하게 꾸중하거나 나무라면 자존감에 상처를 입게 되어 더 큰 문제를 일으킬 수 있으니 주의해야 한다. 자녀를 있는 그대로 존중해주고 인정해주는 것이 필요하다. 이 부분에 있어서 부모의 평상시 가치관이나 철학이 큰 영향을 미치게 된다.

4. 학교나 사회에 대해 매사에 부정적이고 비판적이다

생각보다 학교나 사회에 부정적인 학생들이 많다. 여러 이유가 있겠지만, 부모의 학교나 사회에 대한 가치관이 영향을 끼치는 경우가 대부분이다. 부모들이 무심코 뱉는 말을 돌아보자. 학교나 교사에 대한 불신의 말을 하지는 않았는가? 혹시나 사회에 대해 일방적인 비난이나 비아냥거리는 부정적인 말을 한 적은 없는가? 그렇다고 사회의 불의나 부조리에 대해 침묵하라는 말은 아니다. 구체적인 문제가 아닌, 불특정한 다수에 대한 불만이나 사회 전체에 대한 비관적인 말은 삼가야 한다. 자녀의 사회에 대한 시각과 가치관에 큰 영향을 주기 때문이다.

5. 친구가 없다

학교나 사회에서 친구가 없다는 것은 정말 견디기 힘든 일이다. 특히 학교에서 친구가 주는 정서적 안정감은 크다. 친구와 함께하는 학교생활은 훨씬 더 즐겁고, 모든 활동을 훨씬 더 성공적으로 할 수 있게 해준다. 친구 사귀기를 힘들어 하는 아이들은 공감능력이 떨어지고, 의사소통능력이 부족한 경우가 대부분이다. 공감능력은 다른 사람의 감정과 생각에 집중하는 힘이다. 공감을 받아본 아이들은 더 잘 공감한다. 또한 자신의 감정을 편안하고 솔직하게 말하는 것도 연습이 필요하다. 자녀가 몇 단어로 이야기할 때 문장 형태로 완성해서 차분하게 다시 말해주자. 그러면 아이들은 모방하면서 서서히 배운다.

6. 화를 참지 못하고 폭발한다

자기 마음에 들지 않으면 화를 참지 못하고 소리를 지르거나 주변의 물건을 던지는 아이들은 분노조절이 서툰 아이들이다. 분노는 스트레스, 억울함, 개인적인 상처, 불만, 당혹감 때문에 나온다. 과격하게 표출하는 것은 잘못이지만, 감정을 조절하는 법을 배우는 과정이기도 하다. 이럴 때 부모가 휩쓸리지 않는 것이 중요하다. "엄마가 이렇게 말해서 화가 났구나?" 하고 화난 마음을 읽어주어야 한다. 그리고 분노를 표현하는 방법을 찾아주어야 한다. 정확하게 자신의 화난 마음을 전달하는 방법 또한 부모에게서 배운다. "아빠는 네가 약속을 안 지켜서 화가 많이 났단다", "엄마는 너의 짜증내는 목소리에 많이 속상하구나" 이런 식으로 부모들의 분노조절 표현법을 보여주어야 한다.

2장

자녀와 함께 체험하기 (체험 역량)

체험과 놀이로 아이의 감성 키우기

1. 체험학습으로 관점의 눈을 뜨게 하기

체험을 하지 않은 일은 막연하게 짐작할 수밖에 없다. 책에서 여러 번 보았다고 해도 한번 경험을 한다는 것은 더욱 선명한 기억으로 학습된다. 필자는 2006년부터 2013년까지 현장체험 노원지기학교를 통해 유치원생들과 생태체험, 숲체험을 했으며, 초등·중학생들과는 역사체험, 교과서체험지 프로그램을 함께했다. 그리고 중·고등학생의 직업체험, 진로체험, 대학체험까지 8년간 운영해왔다. 이렇게 체험학습을 시작하게 된 것에는 이유가 있었다.

체험 전 아이들에게 글쓰기를 가르치면 "선생님, 그런 적 없어요. 아니요. 해본 적 없어요"라는 대답만 하고, 아이들은 멍한 눈빛으로 쳐다볼 뿐이었다. 생활이 단조로운 아이들에게는 당연한 것인지도 모른다는 생각이 들었다. 필자는 구체적인 경험이 없는 아이들에게 경험을 꾸며서 쓰라고 할 수가 없으니 직접 체험을 하고 쓰는 방법밖에 없다고 판단했다. 이후에 현장체험을 하면서 아이들은 체험에 대한 지식도 배우지만, 친구들과 소통하는 법도 배웠다. 혼자가 익숙한 아이들은 10명 정도 되는 친구나 동생들과 함께한 1년간의 체험 활동에서 배려와 우정도 배울 수 있었다. 체험지에서 서로 챙겨주며, 안전에 대한 자각도 생겨서 저절로 질서를 지키고, 친구들의 안전을 살피는 습관이 생겨나는 경험을 했다.

· 공감력, 감수성도 경쟁력이다. 감성도 깨워야 한다.
· 음악회나 미술관, 박물관 등의 체험도 감성 공부다.
· 방학 때마다 가족여행을 가고, 그 체험을 보고서로 작성하자.
· 영화를 보고 그 주제에 대해 이야기하자.
· 지역의 문화체험, 축제에도 참여하자.

체험학습을 꼭 해야 하는 이유

① 체험학습을 하면 직접 경험한 것이 수업과 연결되어 학업이 쉽고 재미있어진다.

② 역사, 정치, 직업, 여행 등 체험으로 다녀온 것이 공부의 목적만 되는 것이 아닌, 생활 속에서 응용하는 인지능력을 성장하게 한다.

③ 체험학습을 하면서 궁금한 것을 스스로 체험지나 책에서 찾아보고 질문하는 능력이 생겨 스스로 공부하는 탐구 역량을 기를

수 있다.

④ 체험학습을 하면 배경지식이 많이 생기기 때문에 구체적으로 사례를 들어 발표를 잘하게 된다.

⑤ 글을 쓸 때도 직접 체험했기 때문에 구체적으로 있었던 일과 자신이 배웠던 점, 더 궁금한 점 등으로 나눠서 쓰면서 공부와 글쓰기 기초 실력을 기를 수가 있다. 글을 쓸 때에는 구체적 사실 묘사와 경험의 핍진성이 더해져야 생생한 글을 쓰게 된다.

2. 자녀와 함께할 수 있는 놀이

보통 부모들은 아이들의 놀이에는 별로 관심을 두지 않는다. 놀이는 단지 노는 것이라 생각하기 때문이다. 하지만 아이들은 놀이를 통해 생각보다 훨씬 더 많은 것을 경험하고 배운다. 아이들은 실제 현실과 관련이 있을 때 배우고 싶은 학습 의지가 생긴다고 한다. 그러므로 어린 시절의 다양한 놀이와 경험은 자녀들의 인성뿐만 아니라 학습에도 큰 영향을 미칠 수 있다. 특히 아동기는 촉각(손이나 몸으로 만지고 느끼며 배우게 되는 시기), 시각 학습자(실제로 보고 배우는 시기)로 무엇이든 많이 보고, 많이 체험하는 것이 중요하다. 꾸준하게 쌓은 경험은 학습과 유기적으로 조화가 이루어지면서 의식 속에 내면화된다. 직접 보고, 체험한 내용이 학교에서 배우는 학습내용과 관련되기 때문에 훨씬 학습효과가 좋다. 체험하고 본 것들이 이미지화 되고, 학습내용과 연결이 되어 인지와 습득이 쉬워지고 장기기억으로 이어지기 때문이다.

　다음 장에서 이야기하겠지만 체험은 단순히 놀이에 그치지 않는다. 어떤 사물이나 현상을 이해하는 데는 정해진 규칙과 방법만으로 부족한 경우가 많다. 실체가 분명한 물체를 인식하는 것도 바라보는 위치나 방향에 따라서 달라지는데, 눈에 보이지 않는 이론이나 지식을 이해하는 것은 더 다양한 스펙트럼이 존재할 수밖에 없다. 분명하게 눈에 드러나는 물체는 관찰자의 위치, 방향, 그리고 관심에 따라서 다른 모습으로 이해된다. 하지만 눈에 보이지 않는 이론 등은 이를 받아들이는 학습자의 개인적 경험에 따라서 전혀 다르게 이해될 수 있는 것이다. 체험이나 놀이는 이러한 다양한 위치와 방향에서 사물이나 현상을 이해하며 폭을 넓히는 기회가 되는 것이다. 체험은 감성을 키워주고, 여유를 더해준다.

집에서 몸으로 하는 놀이를 하자

　집 안에서 자녀랑 같이 할 수 있는 놀이는 의외로 많다. 공기놀이, 블록 쌓기, 캐치볼 등은 집 안에서 가볍게 할 수 있는 놀이다. 이런 놀이를 통해 아이들은 부모와 교감하고, 심리적 안정을 느낀다. 또한 엄마, 아빠와 함께 침대 위에서 씨름을 하거나 신체적 접촉을 하는 놀이는 더욱 좋다. 웃고, 떠들고, 몸으로 부대끼고, 접촉하며 부모의 사랑을 느끼고 충만해진다. 여러 심리학 연구자들은 어릴 때 부모가 함께하는 신체활동은 자녀들에게 큰 사랑의 표현이고, 안정감과 자존감을 형성하는 데 중요한 요소라고 말한다.

근처 공원에서 운동을 하자

요즘 대부분의 아파트 단지나 동네에는 조그마한 체육공원이나 놀이시설이 구비되어 있다. 운동기구는 물론, 인라인이나 배드민턴, 가볍게 공을 찰 수 있는 공간도 충분히 있다. 주말이나 휴일에 자녀들과 함께 땀을 흘리며 하는 운동은 스트레스 해소와 건강한 몸을 만들어 줄 뿐만 아니라, 가족의 화합을 다지는 소중한 시간이다. 이렇게 소통한 자녀는 가족에 대한 단단한 연대와 소속감을 느낀다. 운동 습관은 건강에 도움이 되며, 학교에서 교우관계를 맺는 데도 중요한 역할을 한다.

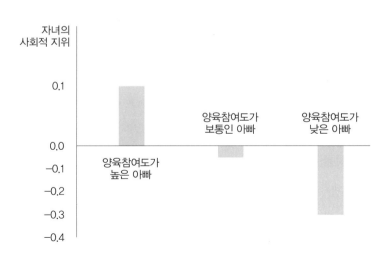

아빠의 양육 태도와 자녀의 사회적 지위(EBS)

자녀와 시간을 보내는 것은 중요한 교육이다. 교육이 아니라도 가족들이 소통하는 연결고리가 된다. 시간도 함께 보내고, 체험을 함께 하면서 정서적인 신뢰와 지적인 자극까지 함께 얻게 되고, 여행을 다니는 재미요소까지 한번에 잡을 수 있다.

자녀가 성장 이후에도 부모와의 유대를 이어가길 원한다면, 꼭 해야만 하는 가족 이벤트를 주기적으로 만들어가야 한다. 중학생 시기에도 늦지 않았다. 자녀들이 가고 싶은 곳을 먼저 가는 것이 방법이다. 처음부터 역사체험지를 갈 것이 아니라 놀이형체험지를 통해 친해지길 바란다. 그 후에 가족여행의 성격으로 느긋하게 체험여행지를 정하고, 월 1회나 2회 체험여행부터 실천하기를 권장한다.

3. 체험 전후에 해야 할 것들

체험 가기 전

별 생각 없이 체험에 오는 아이들과 사전에 목적지에 대해 탐색하고 오는 아이들은 많은 차이를 보인다. 아이들 스스로 체험지에 대한 책을 찾아보고 사전조사를 직접 하도록 훈련해야 한다. 또한 준비물도 직접 챙기도록 이끌어 줘야 한다. 미리 준비하고 온 아이들은 더욱 호기심이 생기기 때문에 집중하고, 질문도 많이 하는 모습을 보인다.

다음 표에서 제시한 준비사항들을 준비목록으로 만들어 실행해보자.

순서	체험 때의 공부	준비물
체험학습 가기 전에	• 가려는 곳과 관련된 책 찾아보기 • 교과서에서 찾아보기, 검색해보기	메모장, 필기도구, 간식, 물, 사진기, 편한 복장, 지도, 알맞은 크기의 가방
체험학습 가서	• 체험지에 갔을 때 직접 보고, 만져보며, 체험 가능한 것은 꼭 경험하고 오기 • 간단히 메모해 오기 • 중요한 것은 사진 찍어 오기 • 위험한 행동은 하지 않기	메모할 포스트잇, 입장권, 지도 챙기기, 나의 체험 사진 찍기
체험학습 다녀온 후	• 체험 보고서를 길지 않더라도 꼭 그날 써두기	인상적인 사진을 골라서 파일 분류해두기

체험학습보고서 쓰는 법

체험학습보고서는 형식을 크게 따지지 않더라도 기록이 중요하다. 기초자료로 자유롭게 쓰더라도 모아 두면 교과 관련 보고서 과제를 할 때 유용하게 쓰일 수 있다. 다음 표에 따라 기록해보자.

체험장소	
체험날짜	20 년 월 일
체험시간	출발: 시 분 ~ 귀가: 시 분
교과서에서 찾아보기	
체험을 간 이유	
사진과 자료 붙이기 (지도, 사진, 입장권, 기타자료, 그림으로 그려두기)	
체험한 것 쓰기 (시간 순서대로)	
체험한 후 배운 점과 느낀 점, 연상되는 것, 궁금한 것 쓰기	

피아노, 체육활동, 미술까지 교육을 해야 할까?

우리나라는 교육의 모토Motto를 창의·인성교육에 두고 그 실현을 위해 다각적인 방법으로 노력하고 있다. 그 첫 번째가 창의와 배려의 조화를 통한 인재 육성이고, 창의성과 인성 함양을 위한 초등·중등 예술교육 및 체육의 활성화다.

학교에서 음악, 미술을 잘하면 학급이나 학교행사에서 자신 있게 역량을 발휘할 수 있다. 콘서트, 합창제, 축제 등 다양한 활동에서 두드러진 역할로 잘 어우러지며 리더십을 발휘하기 쉽다. 다른 교과목에서도 음악, 미술의 역량이 시너지 효과를 가져올 때가 많다. 특히 수행평가를 할 때 톡톡히 효과를 본다. 모둠 활동의 결과물이 음악과 미술의 힘으로 더 멋지게 탄생하기 때문이다. 또한, 사람은 예술을 통해 삶의 행복과 풍요로움을 느낄 수 있다. 음악을 들으며 행복해 할 줄 알고, 멋진 미술 작품을 보고 경외심을 느끼며 전인적인 인간으로 성장하는 것이다.

체육은 교육에서 그 무엇보다 중요하다. 건강과 직결되기 때문에 절대로 간과해서는 안 되는 부분이다. 더불어 공동체 의식 함양과 에너지의 건강한 발산 등을 위해 초·중·고 모든 학교 급별 전 학년 교육과정에는 반드시 체육 과목이 편성되어 있다. 그러므로 해야 할 공부의 양이 많지 않은 초등학교나 중학교에서는 자녀가 좋아하는 악기를 배울 기회를 주고, 스포츠 활동을 꾸준히 하도록 하는 것이 필요하다.

02

다양한 체험활동으로 자녀의 역량 키우기

1. 체험활동을 통한 지식의 확장

필자의 경우, 해마다 방학이 되거나 연휴 및 공휴일이 되면 두 자녀와 가르치던 아이들과 함께 체험학습 할 곳을 찾곤 했다. 농촌체험 중에서도 추수체험과 모내기체험의 기회는 아이들에게 있어 알차고 뜻깊은 소중한 추억으로, 또 지금도 잊지 못할 의미 있고 보람된 체험학습의 기억 중 하나로 가슴속에 새겨져 있다. 지금은 훌쩍 커버린 아이들과 눈이라도 맞추려면 한참 올려다봐야 할 정도지만, 그때는 초등학생들이었다. 그런 아이들에게 따사로운 햇볕 가득한 어느 가을날, "우리 이번 주말에는 농부가 한번 되어 보면 어떨까?" 하고 물어보았다. 그런데 뜻밖에도 아이들은 "좋아요!"라고 외치며 설렌다고했다. 마침 찬 이슬이 맺히기 시작한다는 절기인 한로를 며칠 앞둔 때라 아침저녁으로는 제법 서늘한 기운이 느껴져 조금은 두툼한 옷들을 챙겨 입혀서 체험지로 향했다.

요즘은 곡식을 베는 일과 탈곡하는 일을 한꺼번에 할 수 있는 콤바인 같은 농기계로 벼 베기를 쉽게 하지만, 그때만 해도 사람들이 직접 손수 낫으로 벼를 벤 다음 탈곡기로 벼를 탈곡하는 추수 광경을 볼 수 있었다. 그래서 비교적 가까운 곳인 서울 인근에 있는 한 농경지로 체험을 갔다.

우리가 농가에 도착했을 때, 마침 한쪽에서는 아주머니 두 분이 벼를 베고 있었고, 또 다른 한쪽에서는 아저씨 한 분이 탈곡기에다 벼를 넣고 열심히 탈곡을 하고 있었다. 아주머니는 추수체험을 위해 온 아이들을 보고 웃음을 지었다. 아주머니가 챙겨준 목장갑을 끼고, 작은 손으로 낫을 들고 조심조심 벼를 베어보는 아이들의 표정이 사뭇 진지했다. 아주머니는 "벼는 이렇게 잡고, 이렇게 베는 거야"라고 하면서 자세하게 설명도 해주시고, 아이의 손을 잡고 직접 시범도 보여 주셨다. 그리고 조금씩 익숙해지는 듯 아이들은 말도 없이 벼를 베는 과정을 체험했다. 그러자 옆에 앉아서 가만히 그런 아이들의 모습을 지켜보던 아주머니 한 분이 따라 오라고 손짓을 하며 탈곡기 앞으로 걸어갔다. 교과서에 보던 탈곡기에서 탈곡을 하는 과정을 직접 경험하면서 도정이 되어 나온 쌀을 바라보는 아이들의 눈이 커졌다.

이때 추수체험을 계기로 그다음 해인 봄에는 모심기체험을 함께했다. 트랙터를 얻어 타며 까르르 웃는 아이들이 송아지에게 먹이를 줄 때는 언제 그랬냐는 듯 조심조심, 사뭇 진지해진다. 어린 송아지의 머리를 살짝 만져보는 아이에게 손끝으로 무엇을 느꼈느냐고 물었더니 "전기가 약간 오른 것처럼 짜릿함을 느꼈어요"라고 망설임도 없이 단박에 대답을 했다. 그러고는 곧장 또 먹잇감으로 양배춧잎을 잘라 준비하고, 토끼에게 뛰어가서 먹이를 주고서는 한참을 들여다보며 서 있는 아이들의 모습도 지켜보았다. 그 순간, 아이들의 두 눈은 호기심으로 가득 차 보였고 유난히 반짝거렸다. 아이들의 눈에 늘 사진으로만 보았던 살아 있는 가축들과의 조우는 그저 신비함 그 자체였던 것 같다. 동물원과는 또 다른 느낌인 것이다. 아주 가까운 곳에서 자세히 지켜보았고 몸으로 직접 느껴볼 수 있었으니까. 이것이 바로 구경이나 관람이 아닌 체험학습의 진정한 묘미다.

이제는 아이들이 모두 성장했지만 아주 오래전 일인데도 그때 손끝으로 전달받은 짜릿한 감각과 송아지의 숨소리를 지금도 생생하게 기억하고 있다고 했다. 마치 살아 있는 인간의 심장 소리를 듣는 것처럼 두근두근 전해져 왔던 그때의 그 경험이 너무나도 경이롭고 생생했기 때문이다. 책에 있는 설명으로, 또는 그림책이나 사전에서 찾아본 동식물들의 그림이나 사진으로는 도저히 느낄 수가 없는 '생명의 소중함'을, 또한 그 '생생한 감각'들을 몸으로 직접 경험했던 아이들은 그 이후로도 오랫동안 그 느낌을 잊지 못하고 기억을 되살릴 수 있게 된 것이다.

뿐만 아니라, 아이들에게 있어 체험학습의 경험들은 또래의 다른 친구들보다도 더 사실적인 묘사로, 또 훨씬 더 글을 잘 쓸 수 있는 '귀한 자료'들을 듬뿍 얻은 기회가 되었다. 그리고 부모가 상상하고 짐작하는 것을 훨씬 초월할 정도로 아이들은 더 많은 것을 배우고 또 기억한다.

부모 위주가 아니라 자녀 위주로 체험을 계획하라

휴가나 여행을 계획할 때 부모들은 주로 자신들이 원하는 곳을 정해 자녀들을 데리고 간다. 캠핑을 가서도 캠핑장에서 경험할 수 있는 다양한 것들을 체험하고 가족과의 긴밀한 시간을 보내기보다 어른들끼리 휴식을 즐기고, 자녀는 자녀들대로 물놀이를 하거나 휴대폰으로 게임을 하고 논다. 부모에게도 휴식이 중요하지만, 부모 자신이 아니라 자녀를 중심으로 체험내용을 짜보기를 권하고 싶다. 이 단계에서 자녀에게 필요한 체험종류를 알아보고, 그 단계에 맞는 체험으로 구성해보자. 유아기에는 직접 만지고 느끼는 체험, 초등학교 때는 미술관이나 박물관, 과학관으로, 중학교 이상은 국회의사당이나 금융감독원, 문화유적지, 서대문형무소 같은 역사유적지가 적합하다. 진로 동기부여를 위해 희망학교 탐방, 기업 견학을 가보는 것도 유익하다.

체험이나 놀이의 범위를 다양하게 하자

자녀가 과학을 좋아한다고 과학관만 가고, 물놀이를 좋아한다고 워터파크 위주로 가는 것은 권장할 만한 선택은 아니다. 장기 계획을 세워 여름휴가 때는 워터파크나 놀이공원, 방학 때마다 미술관이나 박물관, 주말에는 가까운 산이나 들, 바다로 가고, 연휴나 공휴일에는 과학관이나 박물관 등을 계획하면 좋다. 미리 목록을 정하는 것이 좋고, 갔던 곳이라도 반복해서 가는 것도 나쁘지 않다. 갈 때마다 자녀는 새로운 것을 발견하고, 느낀 것을 내면화하고, 다른 것을 배우기도 한다.

사전에 반드시 체험지에 대해 공부하자

자녀들이 과학관이나 박물관, 역사 유적지에서 처음부터 무엇인가를 배울 것이라고 기대하는 것은 무리다. 인터넷이나 책을 통해 체험지에 대해 사전지식을 알아보게 해야 한다. 찾은 정보를 가지고 자녀와 함께 대화를 하며, 무엇을 보고 확인해야 할지도 논의하는 것이 좋다. 체험지의 정보나 자료를 출력해 간다면 더 효과적일 것이다. 그러면 자녀는 더 호기심을 가지고 체험에 참여하고, 유의미한 경험을 하게 된다. 그러한 경험은 결코 잊히지 않는 추억이 되며, 인생의 자산이 된다.

체험 후에는 반드시 보고서를 작성하라

체험을 한 후에 단지 경험으로 끝나는 것보다는 보고서 형식을 갖추어 배우고 느낀 점을 작성하게 해야 한다. 보고서를 작성하면서 다시 한번 더 체험했던 곳을 떠올리면, 자신의 세계 속에 체험지를 간직하게 된다. 이것은 자신의 생각을 정리하는 습관을 들일 뿐 아니라, 글쓰기와 편집 등 차후의 여러 가지 교육활동에 큰 기초가 된다. 초등학생 때부터 보고서를 작성해 방학숙제로 제출하자. 중·고등학생에게는 진로탐색의 귀중한 기회가 되며 포트폴리오로 엮을 수 있다. 이런 활동을 쌓아 자신의 진로를 결정하는 좋은 자료로 만들어 나가자.

초등학교, 중학교 시절의 다양한 체험은 경험을 쌓고, 안목을 넓히며, 감성을 키우고, 창의력을 기르는 데 큰 도움이 되어 전인교육에 있어서 무엇보다 가치가 있다. 고등학교 시절의 다양한 체험은 자녀

들의 진로 의사결정에 가장 큰 영향을 미친다는 연구결과가 있다. 그
동안 경험했던 체험들이 자녀들의 진로 의사결정에 다양한 영향을 미
치게 될 것임을 알 수 있는 연구 결과다. 따라서 학령별로 다양한 체
험과 놀이를 통해 자녀들이 호기심을 가지고 자신의 꿈을 찾고, 학업
과 연결 지을 수 있도록 도와주어야 한다.

2. 자녀와 직접 가볼 수 있는 체험장소

체험학습은 학습자 중심의 학습 중에서도 가장 자기주도성을 가지게 하는 교육과정이다. 그럼 우리 자녀들을 위한 체험교육 중 어떤 것을 선택해야 할까? 가장 중요한 점은 자녀의 관심 분야를 먼저 생각해야 한다는 것이다. 자리를 만들어 자녀들과 함께 관심사 주제, 대화를 파악해야 한다. 처음에는 자녀들이 원하는 방향의 장소를 정해서 체험하기를 권한다. 자녀들의 미래를 바꾸는 것은 자녀가 어린 지금은 작은 노력으로 가능하다. 부모가 힘들지만 작은 노력을 쌓아가는 교육은 가장 큰 공부의 성장으로 돌아오게 되어 있다. 사회와 인간관계를 배우고 안전의식을 가지게 되며, 새로운 세계에 대한 두려움이 없어지니 도전정신도 기를 수 있다.

체험을 시작하며 준비할 것

① 관심사를 가족이 서로 공유한다.
② 지역에 따라 장소를 정해둔다.
③ 매월 1회 체험지를 정한다.
④ 꾸준히 실천한다 실전 리스트를 만들고 제크한다.

아이와 함께 갈 만한 곳

① 곤충표본을 만드는 도심 속 곤충체험학습장

주말에 다양한 곤충표본을 만날 수 있고, 아이가 직접 곤충표본을 만들어 볼 수 있는 곤충체험학습장에 가족이 다녀오는 것은 어떨까? 곤충을 포함한 동물들은 아이들에게 큰 관심사다. 집에서도 여러 종류의 곤충을 키우면서 아이들이 체험할 수 있는 박물관과 전시장을 찾아 다녀보자. 자연과 소통하는 감성을 소유한 아이들이 될 것이다.

📍 위치 : 서울 영등포구 선유동1로 80 구청별관 H동 지상 1층

② 충남 서천 국립생태원

국립생태원은 우리가 사는 지구의 다양한 환경 생태계를 탐험할 수 있는 체험공간이다. 국립생태원은 세계 기후대별 다양한 생태계를 전시하는 에코리움을 중심으로 세계 동식물 약 4,500여 종을 만날 수 있는 곳이고, 야외 습지와 생태시설에서 세계의 생태계를 전시/연구하고 있다.

📍 위치 : 충남 서천군 마서면 금강로 1210

③ 안양천 생태체험

안양천은 수질이 개선되고 풍부한 물이 흐르면서 버들치, 피라미와 백로, 해오라기 등의 조류가 찾아오는 도심 속의 생태하천으로 다시 태어나고 있다. 이렇게 복원된 학의천 및 안양천에는 많은 시민들이 즐길 수 있는 하천변에 자전거도로, 인공습지, 징검다리, 오솔길, 발 지압장, 농구장, 쉼터 등의 편의시설도 있어서 가족들의 나들이 장소로 알맞다.

📍 위치 : 경기도 안양시 안양천

④ 로보카폴리 어린이교통공원(노원)

로보카폴리 어린이교통공원(노원)은 1998년 전국 최초로 오픈한 '노원구 어린이교통공원'을 현대자동차와 안실련, 로이비쥬얼이 서울시 노원구와 협력해 새롭게 탄생시킨 교통공원이다. 교통공원은 실내교육장과 실외교육장으로 구성되어 있다.

실내교육장 1층에서는 자전거 안전, 버스 승하차 시 안전, 날씨별 안전, 공사장 안전을 체험할 수 있으며, 2층에서는 로보카폴리 교통안전 애니메이션 시청 및 이론 교육이 가능하다. 실외교육장은 실제 도로와 같이 구성되어 10가지 사고사례와 예방법, 안전한 도로횡단법을 배울 수 있다. 5세 이상의 어린이라면 누구나 무료로 체험할 수 있다. 교통 교육대상은 5세부터 초등학생까지 가능하다.

◉ 위치 : 서울 노원구 덕릉로 483

⑤ 선유도 어촌체험마을

선유도는 고군산열도의 중심지로서 서해의 중요한 요충지다. 조선시대 수군의 본부로서 기지 역할을 했던 선유도는 수군절제사가 통제하기도 했다. 고군산열도에서 8경이라는 명소가 있는데, 고군산 8경의 중심부를 이루는 곳이 선유도의 진말이다. 민간신앙으로서 오룡묘제, 장생제, 수신제, 부락제 등이 있었으나 전통이 단절된 상태이며, 유물 유적으로는 패총과 수군절제사 선정비의 비석군이 있다. '망주봉' 설화가 전해져 내려온다.

◉ 위치 : 전북 군산시 옥도면 선유도3길 43

＊ 선유도 마을에서 즐기는 선유 8경 ＊

선유 8경이란 선유도를 중심으로 볼 수 있는 아름다운 8경을 뜻하며, 선유 낙조, 명사십리, 망주폭포, 평사낙안, 삼도귀범, 장자어화, 월영단풍, 무산십이봉 등이 있다. 또한, 선유도 갯벌 체험, 선유도 자전거 둘레길 체험, 전동카 체험, 갯바위 낚시 체험 등이 있다.

⑥ 아그로랜드 태신목장

- 낙농 체험 : 치즈 체험, 아이스크림 체험, 우유 짜기, 송아지 우유 주기, 소 꼴 주기, 초지 체험 트랙터 타기
- 승마 체험: 마차 타기, 승마 체험, 낙타 체험

＊ 사전 예약 시 캠핑장 사용 가능

이용 시간 : 10시～18시(하절기 3～10월), 10시～17시(동절기 11～2월)

📍 위치 : 충남 예산군 고덕면 상몽2길 231

⑦ 광나루 안전체험관

이용 시간은 9시～17시이며, 수요일 야간 체험은 19시부터 종료 시까지다. 휴관일은 매주 월요일, 1월 1일, 설날, 추석 명절 당일이다.

📍 위치 : 서울 광진구 능동 능동로 238

⑧ 철도의 날 체험활동, 철도박물관

운전체험실 : 운전체험실은 어린이들이 기차를 운전해볼 수 있는 체험실이다.

대한민국 철도는 1899년 9월 18일 제물포～노량진 간 약 33km 구간을 개통한 것이 그 시작이다. 1974년 8월 15일 수도권 전철이 개통

되었던 역사를 볼 수 있다.

📍 위치 : 경기 의왕시 철도박물관로 142

⑨ 재난체험

프로그램	체험구분	체험시간(소요시간)	체험인원
재난 체험	지진, 태풍, 화재, 교통사고, 4D 영상관	• 평일·주말 : 10시, 13시, 14시, 15시 (약 90분) • 수요일 : 19시(야간체험 운영)	평일 : 각 회당 60명 주말 : 각 회당 30명 (단 토요일 10시 60 명)
전문 체험	심폐소생술	• 평일 : 10시, 13시, 15시(약 60분) • 주말 : 10시(약 60분)	평일·주말 : 각 30명
	소방시설(전문)	• 평일 : 11시, 14시, 16시(약 60분) • 주말 : 11시(약 60분)	평일·주말 : 각 30명
자유 관람	어린이안전관람장 소방역사박물관	• 10시~17시 (종료 30분 전까지 입장 가능)	보호자를 동반한 미취학 아동

📍 위치 : 목동 재난체험관 : 서울시 양천구 안양천로 909
태백 365 세이프타운 : 강원도 태백시 평화길 15

실행 Tip : 부모 혼자 정보를 얻을 수도 있지만, 또래 학부모끼리 커뮤니티를 만들어 공유하면서 아이들의 체험지를 다양하게 경험해보는 것도 좋다. 몇몇 부모들과 자녀들이 함께 움직이면 체험도 풍성해지고, 아이들도 서로 친해지게 된다.

3. 학년별 역사체험장소

저학년 자녀와 다녀올 만한 월간 역사체험지(오전/오후 반일체험)

차시	학습주제	장소
1차	선사시대 알기	암사동 선사주거지
2차	선사시대의 생활과 백제 초기 토성	몽촌역사관 – 몽촌토성
3차	민족의 기상 고구려	국립중앙박물관(고구려관)
4차	찬란했던 천년의 역사 신라	국립중앙박물관(신라관)
5차	조선의 유교 제사 문화 (자랑스러운 세계문화유산)	종묘
6차	조선시대의 왕릉	선·정릉
7차	왕실의 아름다운 생활공간	창경궁
8차	흥선 대원군의 개혁정치와 인물들	운현궁 – 인사동
9차	개항과 대한제국 이야기	원구단 – 덕수궁 – 러시아공관
10차	독립과 저항의 역사	독립문 – 독립관 – 서대문형무소

3~4학년 자녀와 다녀올 만한 월간 역사체험지(종일체험)

차시	학습주제	장소
1차	서울의 지리환경	서울타워 - 타임캡슐 – 청계문화원 (서울)
2차	우리 전통문화의 우수성 친환경적 자연재료 알아보기	짚풀생활사박물관 – 김치박물관
3차	서울에 남아 있는 백제의 유적	석촌동고분 - 풍납토성 – 몽촌역사관 – 몽촌토성(서울)

차시	학습주제	장소
4차	조상의 멋	옹기민속박물관 - 창경궁
5차	돈의 의미, 재미있는 과학이야기	대전화폐박물관 - 대전국립중앙과학관
6차	세계적인 우리 문화재	창덕궁 - 종묘(서울)
7차	우리 전통이 숨 쉬는 민속마을	외암민속마을-현충사(아산)
8차	다양한 종교체험	인사동 승동교회 - 명동성당 - 조계사 - 천도교수운회관

5~6학년 자녀와 다녀올 만한 월간 역사체험지(종일체험)

차시	학습주제	장소
1차	한강유역의 중요성과 고대국가의 성립	암사 선사주거지 - 한강 탐방 - 아차산성
2차	우리나라의 자연환경과 생활	화산농업 - 농촌진흥청(화성)
3차	우리나라 광업의 역사와 에너지 자원	석탄박물관 - 성주사터(보령)
4차	미래 생활과 산업	디지털 파빌리온 - 서울대공원(과천)
5차	인사동에서 우리나라 격동의 근대사 이해하기	우정총국 - 승동교회 - 천도교대교당 - 탑골공원(서울)
6차	나라를 되찾기 위한 노력과 대한민국의 수립	독립기념관
7차	우리나라의 민주정치 (의회정치와 민주화운동)	헌정기념관 - 국립 4·19민주묘지
8차	분단의 아픔, 제3세계의 이해	통일전망대 - 중남미박물관

4. 이색체험장소

① 화개장터

섬진강 부근에서 열리는 전통 시장이다. 삼한 시대부터 이루어져 온 장터로, 현재도 지역의 대표적 문화를 알려주는 전통 시장으로서의 역할을 하고 있다.

위치 : 경남 하동군 화개면 탑리, 문의 : 055-880-2384(하동구청)

② 남대문·동대문 시장

남대문 시장과 동대문 시장은 서울을 대표하는 재래 시장이다. 남대문 시장은 우리나라에서 가장 오래된 시장이며, 동대문 시장은 패션 의류 전문 시장으로 거듭나 많은 외국인이 찾는 곳이다.

위치 : 서울 중구 남대문시장4길 21(남대문 시장), 서울 중구 종로6가(동대문 시장)

③ 태백 한강의 아침 마을

강원도에 위치한 고랭지 채소를 재배하는 농촌 테마 마을이다. 폐교된 분교를 농촌 체험이 가능하게 개조했다. 마을 부근에 한강의 발원지 검룡소와 풍력 발전 단지가 있어 아름다운 풍경도 인상적이다.

위치 : 강원 태백시 백두대간로 789-3, 문의 : 033-550-3962

④ 임실 치즈 마을

2006년 치즈의 본고장인 '임실'을 알리고자 새로이 만들어낸 이름이다. 40여 년간 치즈 생산의 노하우를 바탕으로 치즈 낙농 체험 프로그램을 운영하고 있다. 아이들은 치즈를 만드는 과정을 신기해 하며 매우 즐거워한다.

📍 위치 : 전북 임실군 임실읍 치즈마을1길 4, 문의 : 063-643-3700

⑤ 섬진강 기차 마을

구 곡성역이 철거되지 않고, 섬진강 기차 마을에 남아 있다. 운행하지 않는 옛 기관차와 객차를 볼 수 있다. 기차를 기다리고 타던 곳도 그 당시 모습 그대로 남아 있는 것이 특징이다.

📍 위치 : 전남 곡성군 오곡면 기차마을로 232, 문의 : 061-363-9900

⑥ 서울 애니메이션센터

실제로 애니메이션을 만드는 과정을 볼 수 있고, 직접 애니메이션을 제작해볼 수도 있다. 전용 극장도 있어 다양하고 흥미진진한 애니메이션 관람도 가능하다. 특히 애니메이션에서 볼 수 있던 다양한 캐릭터를 직접 만나볼 수 있다.

📍 위치 : 서울 중구 소공로 48, 문의 : 02-3455-8341

⑦ 제주 바릇잡이 체험 및 쿠킹클래스

'바릇잡이'란 현무암 바위에 붙어 사는 보말, 게, 조개 등의 바다생물을 직접 손으로 잡는 것이다. 해변에서 바릇잡이 체험 후, 직접 잡은 보말로 크림 파스타를 요리하는 쿠킹클래스도 함께 진행할 수 있다. 아이들에게 채집 활동과 요리의 즐거움을 동시에 일깨워준다.

📍 위치 : 제주 서귀포시 남원읍 하례리 64-10, 문의 : (주)제주생태관광 064-784-4256

5. 생태체험장소

1 한국자생식물원

우리나라의 자생식물들만 모아 소개하는 특별한 식물원이다. 자생식물원에는 우리나라 자연환경에 적응해 자라온 자생식물 2,200여 종이 있다. 다양한 전시원과 온실, 야외 군락지로 꾸며져 볼거리가 많다.

위치 : 강원 평창군 대관령면 병내리 403, 문의 : 033-332-7069

2 아침고요 수목원

축령산 기슭에 위치한 아침고요수목원에서는 20개의 테마 정원에서 5,000여 종의 꽃과 나무가 자라고 있다. 잔디밭인 아침광장을 중심으로 저마다 특색 있는 정원들이 모여 있다. 봄에는 꽃이 만개한 모습을, 가을에는 단풍으로 물든 나무들을 볼 수 있다.

위치 : 경기 가평군 상면 수목원로 432, 문의 : 1544-6703

3 섬진강 어류생태관

어류생태관에서는 민물고기들을 직접 관찰하며 생태학습을 할 수 있다. 총 46종의 민물고기 2만 1,300여 마리가 살고 있다. 또한 작은 발톱수달, 철갑상어, 담수가오리 등 희귀한 생물들도 볼 수 있다.

위치 : 전남 구례군 간전면 간전중앙로 47, 문의 : 061-781-3666

4 낙동강 하구 에코센터

하구 부근에 위치한 을숙도는 세계적인 철새 도래지로, 갈대와 수초가 많고, 물고기와 조개가 풍부해 천연기념물 제179호로 지정되었다.
에코센터는 낙동강 하구의 자연 생태를 보전하고 있어 자연 그대로의
습지와 갯벌에 서식하는 다양한 종류의 생물을 볼 수 있다.

📍 위치 : 부산 사하구 낙동남로 1240, 문의 : 051-209-2000

5 대관령 양떼목장

이곳은 방목이 시작되는 5~6월에 찾아가 보면 좋다. 목장 어디서
나 뛰어노는 양들을 볼 수 있기 때문이다. 또한 목장 산책로에 연분홍
산철쭉이 만발해 또 다른 풍경을 감상할 수 있다.

📍 위치 : 강원 평창군 대관령면 대관령마루길 483-32, 문의 : 033-335-1966

6 지리산 생태체험단지

생태체험관과 숙소가 함께 있어 필요하다면 숙박까지 해결할 수
있는 곳이다. 4D 영상관 등이 있는 체험관은 작지만 단지 내 넓은 산
책로와 지리산 자연 경관이 최고의 생태체험을 제공한다.

📍 위치 : 경상남도 함양군 마천면 강청리 796, 문의 : 055-964-0222

7 장생포 고래박물관

모노레일을 타고 장생포 고래문화마을을 둘러본 후 고래박물관역
에 하차해 박물관과 생태체험관을 둘러볼 수 있다. 고래의 종류별 특
징과 진화, 고래소리 체험관 등 다양한 고래 관련 지식을 배우고 수족
관 속 돌고래도 만나볼 수 있는 곳이다.

📍 위치 : 울산 남구 장생포고래로 244, 문의 : 052-256-6301

6. 학습력 Up! 플랜 짜기

교과서체험지로 학습력 Up! 플랜 짜기

- 세계문화유산 여행하기
- 궁궐여행 : 창덕궁, 창경궁, 경복궁, 덕수궁
- 국립중앙박물관 탐방 : 구석기, 신석기, 청동기, 고조선, 부여, 삼한 탐방
- 서울, 경기 여행 : 서울대공원, 북악산 성곽길, 수원화성, 남한산성, 아차산, 동구릉, 고구려 대장간마을

자연체험으로 감성력 Up! 플랜 짜기

자연의 아름다움을 어린 시절부터 경험하게 하는 것은 감수성을 길러주는 필수교육이다. 여유를 가지고 체험을 계획하고 참여하기를 권장한다.

- 숲속에 누워서 낮잠 자기
- 나무 안아 보기/나무 나이 맞히기/ 나뭇가지 세어 보기
- 나무 종류마다 줄기 만져 보기
- 해 뜨고, 해 지는 과정 조용히 응시하기
- 식물 이파리 관찰 채집/다른 점 찾기
- 바람 소리 듣기/파도 소리 듣기/소리 녹음하기
- 새 불러 보기/ 휴대폰으로 내가 본 새 검색하기
- 자연체험 경험 시 쓰기

생태 체험지로 학습력 Up! 플랜 짜기

- 서대문자연사박물관
- 곤충박물관
- 자연체험학교(지역마다 다양함)
- 추수체험
- 각 지자체의 체험마을
- 타조 농장체험
- 광릉수목원

문화 체험지로 창의력 Up! 플랜 짜기

- 가죽공예체험
- 한지 만들기 체험
- 치즈 만들기 체험
- 닥나무 공예 만들기 체험
- 민화 그리기 체험
- 염색체험
- 유리공예체험
- 업사이클링체험
- 도예체험
- 곤충채집체험
- 바리스타체험
- 바다낚시체험

체험 사진

자녀의 친구 가족이나 지인의 가족과 함께 어울려 다양한 체험을 즐겨보자.

7. 대학 탐방으로 진로탐색력 Up! 플랜 짜기

이 책에서는 지면상 3군데 대학만 넣었다. 각 대학교의 홈페이지에 들어가보면 이렇게 견학을 신청할 수 있다. 자녀의 꿈과 진로에 맞춰 대학을 정하고, 대학 탐방 계획을 짜보자.

서울대학교 정기견학

한눈으로 보는 서울대학교

대형 미디어 영상으로 서울대학교의 역사, 학문, 교육, 글로벌 인재양성, 사회적 기여 등 다양한 정보를 만나볼 수 있으며, 서울대학교의 추억을 새길 수 있는 공간입니다.

특별함이 있는 서울대학교

서울대학교에 와야만 볼 수 있는 서울대 보유 고유문헌과 희귀아이템을 눈앞에서 직접 관람하실 수 있습니다.

출처 : 서울대학교

▶ 참가대상 : 개별적으로 견학에 참여하고자 하는 모든 분들

▶ 견학 일시 : 매월 1회 / 토요일 11:30~13:30

▶ 견학 장소 : 문화관 중강당

▶ 프로그램

• 실내 : 서울대학교 안내 프레젠테이션, Q&A 등

• 실외 : 캠퍼스 도보 투어

▶ 견학 신청 안내 : 모든 예약은 인터넷(http://student.snu.ac.kr) 선착순 방식으로
만 가능. 견학 신청은 전월 15일 21시부터 견학일의 2주 전까지 가능.

고려대학교 정기견학

출처 : 고려대학교

▶ 참가 대상 : 개인 및 소규모 단체

▶ 견학 일시 : 매월 1회

▶ 견학 장소 : 고려대학교 중앙광장 분수대 앞

▶ 프로그램

• 실내 : 강당에서 학교 소개, 대학생활 안내, 레크리에이션

• 실외 : 캠퍼스 도보 투어

▶ 견학 신청 안내 : 고려대학교 홍보대사 여울 홈페이지(http://tour.korea.ac.kr)에
서 신청.

연세대학교 정기견학

▶ 참가 대상 : 개인적으로 연세대학교를 견학하고 싶은 중·고등학생 또는 일반인 (초등학생 불가)

▶ 견학 일시 : 매월 1회

▶ 견학 장소 : 매월 공지되는 일정 안내 참고

▶ 프로그램 : 견학 프로그램은 재학생으로 구성된 학생홍보대사들이 진행(약 2시 간가량 소요).

• 실내 : 학교 홍보영상 시청, 학교 소개, 질의응답 등

• 실외 : 백양로, 본관 건물단 등

▶ 견학 신청 안내 : 일정은 매월 1일(토요일이나 공휴일일 경우 다음 날)에 공지 하며, 견학 신청은 일정 공지 시점부터 견학일의 6일 전까지 홈페이지(https:// www.yonsei.ac.kr/sc/intro/trip_request.jsp)를 통해서만 가능. 선착순 신청으로 마감되며, 인원이 많을 경우 조기에 마감.

▶ 추가 정보 : 대중교통 이용을 추천하며, 개별적으로 차량 주차료 부과. 또한, 장 애인 편의지원 제공(학교 방문 최소 일주일 전까지 홍보팀에 요청 필요).

Q&A 이럴 때는 어떻게 해야 하나?

1. 요즘 아이들은 무슨 놀이를 할까?

요즘 아이들은 놀 곳이 마땅치 않다. 남자아이들은 PC방에 가거나 집에서 게임을 하고, 여자아이들은 카페에서 수다를 떨거나 SNS를 하며 보내는 시간이 많다. 대부분 정적인 놀이다. 동적이고 육체적인 놀이는 거의 없다. 기껏해야 노래방에서 친구들과 어울려 노래를 부르거나, 볼링장, 포켓볼장에서 육체적인 스트레스를 푸는 것이 전부다. 그마저도 돈이 많이 들어 시험을 치른 후에 한 번 정도 갈 수 있는 정도다. 그러니 건강과 체력은 떨어지고, 지구력과 근력이 약해진다. 자녀가 몸으로 하는 놀이를 할 수 있는 환경을 만들어 주어야 한다. 인근 공원에서 가족과 함께 배드민턴이나 농구, 야구, 축구를 하는 것도 좋은 방법이다. 그렇게 몸의 스트레스를 풀 기회가 없으면 놀거리를 찾아 엉뚱한 곳으로 빠질 수도 있다.

2. 자녀가 과학관이나 박물관을 싫어하고, 놀이공원만 좋아할 때

이런 자녀들은 과학관이나 박물관에서 호기심과 흥미를 잃은 경험이 있을 수 있다. 특히 부모의 과도한 열정으로 아침부터 저녁까지 제대로 앉지도 못하고 하루 종일 지루한 해설을 들어야 했을지도 모른다. 그러면 과학관이나 박물관은 두 번 다시 가기 싫은 곳이 된다. 힘들고 재미없는 기억만 남았기 때문이다. 과학관이나 박물관으로 체험을 가려면 욕심을 부리지 말고 장기계획을 세우는 것이 좋다.

국립중앙박물관 체험을 계획했다면 하루에 '선사·고대관'의 선사시대실만 가서 해설을 듣고 나머지 시간은 맛있는 것을 먹으며, 주위에서 몸으로 하는 활동을 하며 놀게 해야 한다. 아이들의 집중력은 그리 길지 않기 때문이다. 다음 기회에는 '삼국시대'실만, 그다음 기회에는 '중·근세관'의 고려실을 관람한다. 이렇게 몇 달에 걸쳐 간다면 그렇게 싫어하지는 않을 것이다. 과학관도 마찬가지다. 여러 관 중 한 번에 1관씩만 체험을 하고, 나머지 시간은 아이들이 유난히 관심 있어 하는 곳을 더 보거나 놀이를 하도록 해야 한다.

아이들에게 먼저 가보고 싶은 곳을 10개 정도 적도록 하고, 교과서에 나오는 체험지를 10개 정도 적어보게 한 후 부모와 체험할 날짜를 계획해보자.

3장

독서근육 만들기
(독서 역량)

내 아이 독서근육
내가 관리한다

1. 사고력 Up! 과정 중심 독서코칭

사고하며 읽기 질문법

독서에도 과학이 있다. 초등학교 시기부터 고등학교 시기까지 학교와 집에서 12년간 독서의 중요성에 대해 강조해왔음에도 여전히 독서에 자신이 있다는 학생들은 많지 않다. 독서에도 공식이 있을까? '다독, 다작, 다상량' 당연한 말이지만, 독서 역량이 길러지지 않은 학생에게는 더 막막하게 여겨지는 구호일 뿐이다. 독서에 있어서도 가르치는 이의 역할이 중요하다고 생각한다. 그래서 자녀와 학부모, 학생들과 교사들의 상호작용을 통해 할 수 있는 '과정 중심 질문 독서법'을 소개하고자 한다.

20여 년 전 과정 중심 독서수업을 시작했을 때 학부모들은 처음에는 생소해 하다가 점차 반응이 좋아졌다. 책을 읽을 때 시간을 두고 이야기를 나누듯 책에 대한 궁금증을 질문하고 답을 하는 방식으로, 책을 읽고 끊임없이 생각을 하도록 자극하는 수업을 통해 사고력 향상의 결과가 나타났기 때문이다. '과정 중심 3단계 독서코칭'은 읽기 전 과정, 읽기 과정, 읽은 후 과정의 3단계 읽기 과정을 거쳐 5단계의 글쓰기 과정으로 연계될 수 있도록 구성되어 있다.

DRTA(Directed Reading Thinking Activity) 독서법은 사고 활성화의 역동성을 만들어주는 독서법으로, 학생이 글을 읽고, 예측을 하며, 그 예측이 맞는지를 질문으로 확인하면서 스스로 생각하도록 지도하는 독서법이다. 비판적이고 반성적으로 글 읽기 능력을 신장하는 데 효과적이며, 적용대상은 유아부터 고등학생까지 전 학년에 적용할 수 있다. 이 방법은 피어슨(Pearson)이 개발한 읽기 훈련 수업모형인데, 책을 읽으면서 읽은 내용과 관련된 추론과 질문을 유도하며 답을 찾는 과정을 자녀들과 함께하는 과정 중심 독서법이다. 집에서도 활용이 쉬우며, 책을 느리게 읽으면서 질문하고 답하며 기록할 수 있다.

과정 중심 책 읽기 질문 요령

아이의 '사고활동'을 강조하는 읽기 질문 요령은 다음과 같다.

첫째, 질문하기다. 이는 단순 질문과 독서코치 유도질문, 부모, 자녀 상호질문도 포함될 수 있다.

둘째, 연상하기다. 자유연상하기, 연상 단어 말하기, 연상 이유 말하기가 해당된다.

셋째, 예측하기다. 경험에 의한 예견, 어휘 확인, 작가가 준 책 내용 중 찾는 방법인데, 예측 근거 찾기가 포함된다.

넷째, 추론하기다. 적극적 사고활동, 언어의 애매한 표현부분을 재차 질문해 정확한 답변으로 호기심 해결하기가 해당된다.

다섯째, 읽기 훈련이다. 소리 내어 읽기, 합창 읽기, 짝지어 읽기가 포함된다.

먼저 1단계는 읽기 전 과정이다. 이 단계는 배경지식을 활성화하는 단계로 스키마 활성화 및 보강의 단계다. 먼저 책의 표지를 보고 스토리와 관련된 경험 말하기, 관련 주제에 대해 브레인스토밍 하기 등의 방식으로 자녀들이 가지고 있는 경험을 나누면서 생각을 떠올리도록 자극한다. 평소에 질문을 자주 하던 아이들도 자신이 질문을 자주 받아 보지는 않았기 때문에 대답이 바로 나오지 않을 때가 많다. 하지만 몇 번만 연습하면 질문에 대답하는 것이 자연스럽게 된다. 책을 읽기 전에 이야기의 중요한 지점 몇 곳을 미리 설정해서 아이에게 예측 질문을 하면 효과적이다. 사례를 통해 익혀보고 적용해보기 바란다.

과정 중심 책 읽기 질문 - 실제 활용 사례(초등 · 중등)

《비밀의 화원》
프랜시스 호즈슨 버넷 글 | 타샤 튜더 그림 | 공경희 옮김 | 시공사

⑴ 1단계 : 읽기 전 과정 질문 사례를 활용해서 질문을 해준다.

읽기 전 과정 질문

1. 나도 모르게 화가 나고 사나워질 때가 있었나? 있었다면 화난 이유에 대해 이야
기해보자(질문의 답을 기다리며 조급함을 보여서는 안 된다).
2. 자기 혼자만 아는 비밀이 있다면 어떤 마음을 느낄까?

※ 체크 포인트
책 읽기 전 활동으로 경험을 나누는 질문을 한다(자녀의 경험을 먼저 이야기 나누
어 호기심을 증폭해주며 배경경험을 활성화한다).

2단계는 읽기 과정이다. 이 단계는 글을 읽는 과정에서 읽는 사람
이 중심이 되는 '사고 활동'을 강조하는 읽기 방법이다. 글을 읽다가
잠시 멈추고 아이들에게 어떤 일이 일어날지 미루어 짐작하도록 하고
예측 질문을 던진다. 답을 하면 그렇게 생각한 근거를 말해보도록 한
다. 좀 더 글을 읽은 뒤에는 예측이 맞았는지 아이가 직접 확인하게
한다. 추론을 뒷받침하는 실마리를 찾도록 돕는 것이다. 실마리를 찾
은 이유를 물어보면 스스로 피드백하면서 머릿속에 인지하는 효과까
지 얻게 된다. 독서코칭인 부모는 몇 개의 원칙에 따라 질문을 사유자

② 2단계 : 읽기 과정 질문 사례를 활용해서 질문을 해준다.

읽기 과정 질문

1. 인도에서 살던 메리가 고모부와 함께 살기 위해 영국의 미셀 스와이트 정원으로 오게 되었다. 이유가 무엇인가?
2. 고모부 집에는 10년간 문이 닫힌 뜰이 있다. 뜰의 문이 굳게 닫혀 있었던 이유는 무엇이었을까?
3. 메리는 문이 닫힌 백 개가 넘는 방이 있는 넓은 집에서 지냈다. 어느 날 밤 이상한 울음소리를 듣게 되었다. 누구의 울음소리였나?
4. 친구가 된 콜린, 메리, 디콘은 서로만 아는 비밀이 생겼다. 어떤 비밀인가?
5. 외출을 하기 시작하면서 건강해진 후 콜린의 방에는 어떤 변화가 생겼을까?

※ 체크 포인트

　책 읽기 활동에서는 책을 읽어가면서 중간중간 질문이 필요한 부분에 시험문제를 내듯이 접근하지 말고, 일상적인 대화를 나누듯 편안히 오고 가는 방식이 중요하다. 아이들의 독해 수준에 따라 단순한 독해에 도움을 주는 확인질문이 아니라, 추론질문이나 예측질문을 해주는 것이 생각을 자극하는 데 한층 도움이 될 수 있다.

　위의 예를 통해 책의 내용을 이해했다면 다음은 아이들과 함께 예시에서 다룬 방법으로 다른 책을 읽으면 된다. 이런 방법으로 아이의 이해도와 집중력을 높일 수 있고, 문학적 상상력도 키울 수 있다. 아이들이 책을 읽으며 질문을 스스로 만들어내는 방식으로 독서 질문을 교환하고 답변을 나누며 책 읽기를 할 수 있다.

3단계는 읽기 후 과정이다. 이 단계는 독서활동 중에 느낀 점들을 자녀의 경험과 연관시켜 이야기를 나눈 후 구성해 글로 풀어내는 다양한 활동을 하는 과정이다. 예를 들어, 읽은 책의 내용과 아이의 경험이 동일시된 부분이나, 관련된 경험을 사실과 의견으로 나누어 글을 쓰고 이야기를 나누는 방법이 있다. 그리고 인과관계의 글을 쓸 수도 있으며, 스토리보드를 구성해서 줄거리 요약을 할 수도 있다. 이런 과정을 통해 질문을 유도하면서 점차 아이가 독립적 쓰기 과정을 연결해 긴 글로 이어지도록 한다.

③ 3단계 : 읽기 후 과정 질문 사례를 활용해서 질문을 해준다

읽기 후 과정 질문

1. 어려서 부모를 잃었지만 큰 슬픔을 느끼지 못한 메리는 이기적이고 못된 아이처럼 보인다. 콜린은 왜 히스테리를 부렸을까? (생각 활성화 질문)
2. 자기가 아닌 다른 누구에게도 관심이 없던 메리가 처음 관심을 보인 사람은 마사의 동생 디콘이었다. 디콘은 동물들과 이야기를 나누며 그들과 친구가 되었다. 이처럼 누군가에게 마음을 열게 된 메리도 다른 사람들과 함께하는 마음을 배우게 된다. 이 책에서 메리는 어떤 역할을 했을까?
3. 소어비 부인은 뜰의 비밀과 콜린의 건강해진 모습에 대한 비밀을 지키려는 아이들을 위해 필요한 것을 제공해주었다. 또한 콜린을 위해 아버지를 돌아오시도록 만들기도 했다. 소어비 부인에 대해 어떻게 생각하나?
4. 콜린의 히스테리 증상은 스스로 자신을 병약한 사람으로 만들어갔기 때문이기도 하지만, 누구도 콜린에게 진실을 이야기해주지 않은 것도 있다. 콜린이 계속 아팠던 것은 아무에게도 말하지 못한 자신만의 두려움 때문이었다. 메리가 도와주지 않았다면 콜린은 어떤 삶을 살게 되었을까? (추론 질문)
5. 메리는 마사, 소어비 부인, 벤 웨터스윈프, 디콘 그리고 붉은 가슴울새를 모두

영국에서 만나서 좋아하게 되었다. 현재 내가 좋아하는 사람들은 어떤 사람들인가? 그들은 나에게 어떤 영향을 주었을까?

(아이의 참여도에 따라서 짧은 글이나, 한 장의 서평으로도 정리해볼 수 있다.)

6. 메리는 다른 사람을 불쌍하게 여긴 적이 없다. 처음에는 콜린의 행동을 보고 틀렸다고 생각했다. 메리처럼 자신이 한 행동은 잘 파악하지 못하다가 다른 사람의 행동을 보고 옳고 그름에 대한 깨달음을 얻은 경험이 있는가?

(아이의 경험을 사실만 적어보게 할 수 있다.)

※ 체크 포인트 1

책 읽기 후 활동은 다양한 독후활동을 응용하고 글쓰기까지 연결할 수 있는, 무한한 활동이 가능한 영역이다. 글쓰기도 새로운 영역의 글쓰기로 연결하기보다는 아이들이 구조를 알고 있고 쉽게 쓸 수 있는 장르의 글과 연결해서 쓰도록 해주길 권장한다.

※ 체크 포인트 2

처음 학부모들이 쉽게 활용하기 위해서는 쉬운 사례로 전체 질문의 의도를 알고 추려서 질문하는 감각을 익히는 것이 중요하다. 질문은 자연스럽고 재미있게 끌어 나가야 한다. 유사한 질문을 반복하면 아이들은 확인 받는 느낌이 들수 있으며, 즐겁게 책 속으로 몰입하는 것을 방해받는다고 느낀다. 따라서 학부모들도 아이들과 함께 책으로 빠져 들어가는 것이 중요하다.

읽기 후 과정을 통해 쌓인 책 읽기 경험은 내용정리 토의, 비판적 토론, 언어학습, 다양한 독후활동으로 연결시킬 수 있다. 과정 중심 책 읽기 활동을 얼마나 충실하게 했느냐에 따라 그다음 과정인 과정 중심 글쓰기(Process writing)가 쉬워지고, 백지 공포도 사라지게 된다.

학습의 효과를 높이기 위해서는 리듬을 가지고 노래 부르듯이 낭독하는 것이 매우 도움이 된다. 어린 시절 천자문을 낭독한 기억은 오래도록 남아 있다. 낭독의 또 다른 형태로는 시에 곡을 붙이거나, 개사를 해서 외우는 방법도 있다. 어릴 적 세계지도를 그리며 대륙 이름에 곡을 붙여 불렀던 노래도 입에서 바로 술술 흘러나온다. 참 신기한 일이다. 구구단도 대표적인 예다. 낭독은 영재로 가는 후천적 뇌운동이다. 낭독을 하면 아이들의 뇌에서 어떤 반응이 일어나게 될까?

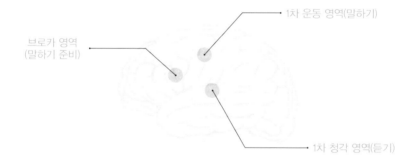

낭독을 하면 묵독 때는 쓰지 않았던 뇌의 말하기 영역인 브로카 영역 부분이 활성화된다는 실험결과가 있다. 또한, 청각 영역들까지도 훨씬 많이 활성화된다. 낭독을 할 때 우리는 시각, 청각, 입 운동 등 묵독에 비해 훨씬 많은 자극을 뇌에 주게 되므로 활성화가 쉽게 되는 것이다.

운동 자극이라는 측면에서는 낭독을 효과적인 뇌의 준비운동이라고 말하기도 한다. 어린 시절 배운 운동은 몸의 경험으로 체득되어 기억된 것이므로, 굉장히 오래 유지된다. 그런 의미에서 묵독보다 낭독은 뇌의 여러 가지 영역을 반복적으로 쓰게 되어 마치 운동처럼 오래도록 기억된다.

우리는 교육방송 프로그램의 다양한 실험들을 통해 낭독훈련이 학습에 많은 도움이 된다는 것은 이미 잘 알고 있다. 하지만 실천은 어렵기만 하다. 이 때문에 낭독을 강조하는 데에 그치지 않고 습관이 될 정도로 훈련하려면 매일 낭독계획을 세우고 반복훈련을 시키려는 부모의 의지가 필요하다. 아이들에게 자신이 직접 고른 책을 매일 낭독하도록 한 후, 매일 그 횟수를 체크해서 달력에 표시해보는 활동이 좋다. 매일 15분 정도를 읽기 시간으로 정해두고 실천해보도록 하자. 처음부터 시간을 길게 잡으면 아이는 시간이 더 길어지면 지치고, 부담을 느낄 수 있기 때문에 10~15분으로 하거나 분량을 협의해서 시작해야 좋다.

우선 매일 낭독프로그램 실천을 위해 잘 보이도록 달력을 붙여두고, 매주 횟수를 적어 통계를 내면서 낭독훈련을 해보자. 아이들에게는 어떤 변화가 생길까? 독해력에는 변화가 있을까? 독해력, 발음의 정확성, 문장의 읽기 속도 등의 실력 변화는 정량적으로 평가하기 힘들더라도 아이가 느끼는 느낌이나 심리상태에서는 변화가 확연히 나타난다. 읽기 속도나 발음은 녹음을 해두거나 낭독훈련을 시작할 때 핸드폰으로 영상을 찍어 두어야 한다. 한 달이 지난 후 같은 책을 읽으며 아이의 영상을 다시 촬영해서 비교해보자. 부모는 물론이고 자녀 스스로도 낭독의 효과가 입증되는 것을 확인할 수 있을 것이다.

낭독은 정독능력까지 키워주는 '우뇌 계발형 독서방법'이기도 하다. 낭독은 말하기, 듣기, 읽기가 동시에 협응하며 통합되는 언어교육이고, 중학교 2학년 시기까지도 계발되는 듣기능력 향상에 매우 효과적이다. 대뇌의 베르니케는 '알아듣기' 기능을 수행하는 영역이고, 청각피질 바로 앞쪽에 위치한다.

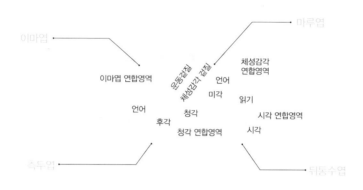

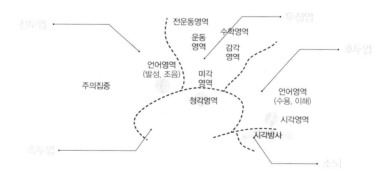

총체적 언어 교육은 오감을 활용한 독서방법이다. 문장 끊어 읽기, 어구 나누어 읽기, 부모와 아이가 함께 읽거나 한 페이지씩 번갈아 읽

기 등 다양한 방식으로 재미를 더해가며 읽기 훈련을 유도하자. 아이에게 낭독 읽기가 자연스럽게 습관이 되도록 부모와 함께 연습하기를 권한다.

월 〈매일 낭독 프로젝트 체크표〉

주	월	화	수	목	금	토	일	주간 합계
1주	회	회	회	회	회	회	회	회
	O . X	O . X	O . X	O . X	O . X	O . X	O . X	☆ ☆ ☆ ☆ ☆
2주	회	회	회	회	회	회	회	회
	O . X	O . X	O . X	O . X	O . X	O . X	O . X	☆ ☆ ☆ ☆ ☆
3주	회	회	회	회	회	회	회	회
	O . X	O . X	O . X	O . X	O . X	O . X	O . X	☆ ☆ ☆ ☆ ☆
4주	회	회	회	회	회	회	회	회
	O . X	O . X	O . X	O . X	O . X	O . X	O . X	☆ ☆ ☆ ☆ ☆
5주	회	회	회	회	회	회	회	회
	O . X	O . X	O . X	O . X	O . X	O . X	O . X	☆ ☆ ☆ ☆ ☆

	월간 합계
〈매일 낭독 프로젝트 사용방법〉 낭독을 한 날은 'O'에 표시, 못한 날은 'X'에 표시 후 몇 회를 진행했는지 써주세요. 매주 마지막 날 합계 횟수를 계산해 적고, 주간평가를 해주세요. 매월 말, 월간 합계 칸에 얼마나 읽었는지 횟수를 적어 주세요.	회
	☆ ☆ ☆ ☆ ☆

내 아이를 위한 전략 독서법

1. 휴식 독서법

사람마다 책을 좋아하고 선택하는 이유가 있을 것이다. 또한, 사람마다 책을 대하는 방법도 다르다. 어떤 한 가지 방법만 딱 꼬집어 좋다고 할 수는 없다. 책은 성격에 따라 꼼꼼히 읽어야 되는 책과 그냥 편하게 읽을 책으로 나누면 좋다. 꼼꼼히 읽어야 할 책은 목적을 분명히 세워 읽어야 한다. 이미 읽은 책이라도 편하게 자신이 좋아하는 책을 여러 번 되풀이해서 읽는 방법도 있다. 모든 책을 다 정독해야 하는 것은 아니다. 나이에 따라서 좋아하는 장르가 바뀔 수도 있다.

책은 그 어떤 예술 형태보다 다양한 휴식과 위로를 준다. 휴식을 넘어 스트레스 감소와 에너지 충전, 정신적 만족을 주기도 한다. 세상에 대한 새로운 시각도 생기게 한다. 상상을 통해 불가능을 해결하면서 희망을 갖게 해주고, 기분 전환에 도움이 되기도 한다. 사람들이 어려움을 극복해가는 과정을 읽으며 희열을 느끼고 응원을 보내기도 한다. 소설은 가벼운 마음으로 읽지만, 주인공의 삶과 슬픔을 이해하는 안목과 환경을 이해하는 포용력을 경험하게 될 때가 많다. 특히 청소년들은 겪어보기 힘든 다양한 삶에 대해 간접경험을 하게 해준다.

우리는 우리에게 상처를 주고 우리를 찌르는 그런 종류의 책만을 읽어야 한다고 생각한다. 만일 우리가 읽고 있는 책이 머리를 치는 일격으로 우리를 깨우지 않는다면, 우리가 그 책을 뭣 때문에 읽지? … 우리는 우리에게 재앙과도 같은 영향을 주는, 우리가 우리 자신보다 더 사랑하는 어떤 사람의 죽음처럼, 모든 이들로부터 멀리 숲속으로 추방당한 것처럼, 자살처럼. 우리를 비탄에 젖게 하는 그러한 책들을 필요로 한다. 책이란 우리 내부의 얼어붙은 바다를 깨기 위한 도끼가 되어야만 한다. 그것이 나의 믿음이다.

– 카프카가 오스카 폴락에게 스물한 살에 쓴 편지[7]

휴식 독서란 무엇을 말하는가? 휴식으로 책을 읽는다고 해서 책을 훑어서 대략 읽는다는 의미는 아니다. 어린 시절 자녀들이 독서하는 모습을 보면 한 권을 끼고 다니며 읽고, 또 읽고 하는 모습을 떠올려

---

7. 폴 오스터 지음, 최승자 옮김, 《굶기의 예술》, 문학동네, 1999 참고.

볼 수 있을 것이다. 어린 시절 손에서 놓지 않던 그림책이라든지 동화 책은 부모 입장에서는 한 권만 계속 읽는다고 마음을 졸이는 이유가 되 기도 한다. 독서상담 중에 가장 많은 부분이 자녀가 책을 다양하게 읽 지 않고, 읽고 싶은 책만 읽는다는 하소연이다. 그러나 걱정할 필요가 없다. 아이들이 끼고 다니면서 읽는 것은 한 권이지만, 똑같은 책을 다 시 한번 읽고 또다시 한 번 읽었을 때는 매번 다른 느낌과 발견을 하게 되어 그 스토리의 구성을 더 정확히 알 수 있다. 그래서 같은 책을 여 러 번 읽은 것은 각각 한 번씩 읽은 것으로 칭찬해주어야 한다.

정말 책을 편안하게 생각하는 아이들은 휴식으로 어느 틈에 책 한 권을 뽑아들고 그것에 빠져 있는 모습을 자주 보여준다. 어린 시절의 책 읽기를 숙제로 시작하지 않았기 때문이 아니었을까? 또한 아이가 스스로 선택해서 읽을 때까지 부모가 기다려주었기 때문이다. 책 읽 기를 휴식이라고 생각하고 선택할 정도의 환경을 만들어 준다는 의미 는 부모가 이미 독서 환경 속에 살아왔으며, 읽기 환경을 만들려고 노 력해온 결과일 것이다. 독서경험을 많이 쌓아 둘수록 독서를 받아들 이는 마음은 더 넓어진 상태로 성장하게 된다. 필자는 처음 독서를 그 림책으로 시작했지만, 그 모든 독서의 힘이 모여서 입시까지 관통한 학생들의 사례를 많이 보아왔다. 그래서 어린 시절 그림책으로 출발 한 독서활동은 아이들이 나중에는 10권짜리 장편까지도 여러 번 읽을 수 있는 힘을 만들어 준다고 믿는다.

휴식 독서는 어떤 법칙이 있다기보다는 아이가 읽고 싶은 것을 가 장 우선순위로 읽을 수 있도록 스스럼없이 책을 선택할 수 있는 환경 을 만들어 주는 것이다. 부모의 너무 지나친 개입은 바람직하지 않다. 만화책을 볼까 봐 걱정이고, 초등학교 고학년 학생이 그림책을 볼까 봐 걱정이고, 시험이 코앞인 중학생이 추리소설을 읽고 있는 것을 못 견디는 부모의 조바심을 내색하지 않아야 한다. 휴식으로 했던 독서라고 해도 분량이 차근차근 쌓인다면 목적독서와 결합되고 보완되어 학업 능력이 필요할 때 그저 자녀에게 부모는 편한 책 읽기 환경만 조성해주면 충분하다.

영재학교에 입학한 남학생의 사례다.

어릴 적에 부모님이 형에게 읽히려고 과학잡지를 구독했지만 형은 관심이 없었다. 비닐에 싸인 잡지는 거실 한쪽에 쌓여만 갔다. 어느 날부터인가 동생은 형한테 배달된 잡지의 비닐을 뜯고 스스로 보기 시작했다. 동생에게 너라도 저 잡지를 읽으라고 말한 사람은 아무도 없었다. 동생은 잡지가 오는 날을 기다렸고, 추리소설에도 푹 빠져서 중학교 시기에 100권 이상을 읽었다. 물론 학생부에 기록하지도 않았다. 기록을 목적으로 읽은 것이 아니기 때문이다. 당연히 휴식으로 읽었던 잡지를 통해 과학적인 지식기반이 두터워졌다. "소설을 읽은 건 입시에는 도움이 되지 않을 거예요"라고 말하던 학생은 면접에서 소설에 대한 이야기를 나누고 나왔다며 즐거워했다. 면접관은 아이가 소설 이야기를 하면서 환하게 밝아지는 표정을 보았을 것이며, 이야기를 하는 내내 학생의 눈에 모아지는 총기를 느꼈을 것이다.

독서 역량은 기다림과 꾸준함을 포함하고 있다. 자꾸 읽고 싶은 책을 틈나는 대로 읽고, 형식에 얽매이지 않으며, 푹 빠져 읽는 책이 무엇인지 눈여겨보아 두자. 그리고 관련된 책들을 더 마련해주기를 권

한다. 책 읽는 것이 쉽게 할 수 있는 일이 되고, 달콤함을 느끼게 되면 부모가 희망하는 어려운 독서과정으로 바로 들어가는 지름길이 만들어진다. 바로, 자녀가 평생 독서가로 성장할 것임에 틀림없다. 휴식으로 읽은 책 읽기가 어려운 독서과정도 견디게 해주는 밑거름이 될 것을 믿기 바란다.

2. 목적 독서법(학부모와 자녀가 함께 읽어보기)

목적이 있는 책 읽기의 기술

책을 읽을 때도 중요한 부분만 골라 읽는 기술은 매우 중요하다. 중요한 부분과 버릴 부분을 한눈에 뽑아낼 정도의 실력이 되려면 책 읽기 경험이 얼마나 쌓여야 할까? 책 읽기 경험이 모이고 모여 중요한 부분이 어디인지 판단할 수 있게 될 때까지 유아기, 초등 저학년 시기부터 읽기 훈련을 자녀와 함께하는 것이 필요하다. 책에서 중요한 것이 무엇인지 생각하며 읽으려면 어떻게 해야 하는지 알아보자.

① 먼저 목차와 본문에서 중요한 부분을 골라서 읽어본다

모든 책이 현재 나에게 다 중요한 것은 아니기 때문에 목적을 정해서 필요한 정보를 찾으며 읽는 독서가 필요하다. 읽으면서 형광펜, 사인펜으로 중요한 부분과 키워드에 표시를 해둔다. 키워드는 △, ㅁ, ○표시, 밑줄까지 활용해 표시하고 읽는다. 필자는 동화와 단편소설 읽기 수업을 할 때, 유용하게 활용해왔다. 키워드를 한눈에 알아볼 수 있도록 ○는 등장인물, ㅁ는 장소, △는 시간, 사건은 밑줄 긋기를 활용해 읽는 방법도 독해력을 향상하는 데 매우 효과적이다. 독서 역량이 갖추어진 학생은 자신만의 표시 방법으로 활용해도 좋다.

② 독서를 통해 자료를 정리하고 수집해서 재가공하는 방법을 배운다

사고력의 최고 단계는 정보 융합단계다. 자료를 통합하고 분석하고 응용하려면 반드시 과정마다 사고과정을 거쳐야 한다. 책 읽기 과정을 통해 처음에는 알기, 이해 단계를 통해 자연스럽게 자신만의 '지식폴더'가 늘어간다. 지식폴더가 생김으로써 그곳에 정보를 축적하고 보관해 필요할 때 꺼내 쓸 수 있게 된다. 그렇게 하면 속독능력뿐만 아니라, 나중에 설명할 통독이나 숙독의 수준도 높아지게 된다.

③ 단시간이 아니라 시간을 들여 속독능력을 단련하라

속독이란 자신이 무엇을 알고 싶은지 미리 명확하게 알고 있을 때 사용하는 독서법이다. 바로 원하는 정보를 검색하고, 조사하기 위한 독서법이다. 경쟁적으로 속독을 배워서 바로 훈련되는 정답 같은 방법을 원하는 학부모들의 바람을 자주 듣는다. 그러나 독서법에 비약은 존재하지 않는다. 속독에는 그것을 해낼 수 있을 만큼의 기본이 되는 지식, 즉 일정량의 정보 축적이 된 상태여야 한다. 일정한 양의 정보가 축적되어 있지 않으면 키워드가 한눈에 들어오지 않는다. 여러 책을 읽은 후에 통합하는 꾸준함과 성실함이 필요하다.

⑷ 참고문헌을 참조하며 읽고, 관련지어 읽기

'관련된 사항들을 연결하는 능력'이 정보를 융합하는 데 필요한 독서 능력이다. 책을 읽고 그 내용들과 다른 지식들과 관련지어서 생각할 수 있어야 한다. 책의 밑바탕에 깔려 있는 사고방식과 논리를 알게 되면 지금까지와는 전혀 다른 분야라고 해도 지식융합을 통해 새로운 창조적 아이디어가 도출된다. '현상'을 읽으면서 '이유'를 이해하고, '방법'을 자신의 노하우로 만들어 학교수업에서 응용하면 된다. 이런 독서법을 습득해두면 학교수행평가와 탐구보고서를 위한 자료조사와 보고서 작성에 많은 비용과 시간을 많이 들일 필요가 없이 효율을 높일 수 있게 된다.

여러 가지를 참조하며 읽는 것이 바로 '숙독' 능력도 키우는 길이다. 관련지어 읽을 때는 관련 참고문헌을 함께 읽고, 정보 검색도 동시에 하며 읽기를 권한다. 필요한 부분만 찾아 읽는 능력은 정보 활용 능력으로 매우 중요한 능력이다. 책의 첫 페이지부터 마지막 페이지까지 전부 읽지 않아도 되지만, 중요한 부분이나 흥미를 느끼는 부분은 참고문헌을 찾아 꼼꼼하게 분석하고 정리하며 읽도록 한다. 에버노트와 씽크와이즈 프로그램으로 정리해두면 지식폴더로 유용하게 활용할 수 있다. 관련지어 읽기 경험을 쌓고 숙독을 통해 지속적으로 훈련하면, 중학생이라도 고등학생의 수행평가 수준을 따라갈 수 있다.

관련지어 읽기에서 '지식폴더'의 정보들은 필요하다고 느끼는 주제와 연결된다. 읽기 주제가 바로 목적이 되는 독서가 되는 것이다. 책을 읽으면서 인상적인 부분은 그때그때 반드시 밑줄을 쳐두게 하자. 자신이 어떤 점에 공감을 했는지, 관심을 기울였는지, 왜 저장했는지 기억하기 어렵다. 안다고 해도 정확한 출처로 활용하려면 처음부터 다시 찾아 읽어야만 한다. 그것은 시간낭비다. 자신의 감상을 적어두어 시간낭비를 줄여야 한다.

주제별로 분야별 전문서를 읽을 때 관련지어 읽기의 방법을 활용해서 읽어보자. 다른 여러 가지 사항들과 관련지으며 읽는 '숙독'의 가장 큰 특징은 A를 읽을 때, A뿐만 아니라 B도 참고하며 읽어가는 것이다. '관련지어서 생각하기'의 훈련을 위해 전체 책을 다 읽기가 아닌, 필요한 부분만 뽑아 읽는 '핀셋 읽기'로 연습해서 활용해보자.

⑤ 동기부여를 위해 공부와 관련된 분야부터 시작하자

책 선정은 어떻게 해야 할까? 수많은 책 중에서도 나에게 동기를 주는 책을 고르고 싶어야 한다. 읽고 호기심이 생겨 조사하게 만드는 동기가 필요하다는 의미다. 과제가 주어지면 그 주제를 설정하고, 과제 해결에 직접적으로 관련이 되는 책을 선택하면 책 선정은 끝나게 된다. 지금 하고 있는 과제와 관련된 사항들을 공부하면 성과가 매우 빠른 속도로 나타나, 지속적으로 목적을 이루는 독서를 하게 된다. 이렇게 공부한 성과가 실제 평가에서 성적으로 바로 나타나면 공부를 지속하기 쉽다. 바로 성과가 나오면 책 읽기에 대한 도전이 재미있어지기 때문이다.

독서방법

통독

통독은 처음부터 끝까지 읽어 나가는 독서법이다. '목적'에 따라서 '1단계 통독'과 '2단계 통독'으로 나누어 볼 수 있다.

'1단계 통독'은 전체를 훑어 읽으면서 독서를 즐기고, 필요한 정보를 얻어 지식획득을 목적으로 하는 독서법이다. 1단계 통독을 할 때는 보통 밑줄을 치거나 메모를 하지 않고, 전체의 흐름을 따라서 읽어가면 된다.

1단계 통독은 이동하는 시간을 활용할 수 있다. 한정된 시간 속에서 이동 중에 책 한두 권의 정보를 정리하는 방법도 생각보다 효과적이다. 시간이나 장소에 따라서 알맞은 책을 골라 읽으려면 읽어야 할 책을 목적 있게 정해서 분야별로 목록을 적어두고, 읽어 나가자. 훑어 읽을 정도의 책은 틈나는 대로 읽으면 좋다.

'1단계 통독'으로는 자기 나름대로의 가설을 세우고, 그것을 검증하며, 새로운 가설을 만들어냄으로써, 관점을 넓혀가는 독서로는 충분하다.

'2단계 통독'은 공부에 중점을 둔 독서법이다. 지적인 자극을 받으며 논리적으로 생각하면서 밑줄을 치고 직관적으로 느낀 것을 책에 메모하면서 읽는 방법이다. '2단계 통독' 수준은 밑줄을 치고, 메모를 하며, 각주를 꼼꼼히 읽어야 하기 때문에 어느 정도 독서에 '몰입할 수 있는' 장소를 골라서 읽어야 한다. '2단계 통독'은 논리적 사고력을 익히고, 자신의 생각을 보다 깊이 있게 만들어 나가는 것을 목적으로 하니 밑줄을 치고 다시 찾을 수 있게 쪽수를 메모를 하면서 읽어야 한다.

가장 머리가 좋아지는 최고의 독서법은 '숙독'이다. 이 숙독을 확실히 할수록 뇌의 역량이 향상된다. 좋은 독서법은 속독으로 빠르게 읽는 것이 아니라 목적에 맞게 잘 읽는 것이기 때문이다. 숙독의 목적은 논리에 맞게 정확히 읽는 것이다. 숙독할 때는 책의 첫 페이지부터 마지막 페이지까지 전부 읽지 않아도 된다. 확실한 논리를 세워 나가며 읽는다는 말은 앞에서 다룬 것처럼 여러 가지 사항들과 관련지어 읽는다는 의미다. 즉 자신의 전문 분야나 취미가 있는 분야의 필요한 부분만을 여러 가지 사항들과 관련지어 정확한 논리를 세워 나가며 읽는 것이 중요하다. 숙독의 목적은 깊게 생각하며 읽는 것, 근거를 도출해낸 논리들이 인식 속에서 완전히 자리 잡을 때까지 읽는 것이다.

03

부모와 아이가 실천하는
독서근육 만들기

1. 학년별 책 읽기 백독클럽으로
습관 만들기(독서동아리)

백독클럽은 1년에 아이가 100권을 읽을 수 있도록 학부모가 이끌어주는 클럽이다. 백독클럽을 함께할 또래 독서 구성원을 만들어보자. 1년에 100권 읽기는 1주일에 2권 또는 1개월에 8권 읽기 등 자율적인 기준으로 목표를 정하고 운영방식을 만들면 된다. 아이들과 차량으로 이동해야 할 경우에는 인원이 4명으로 제한되지만, 6명까지는 관리가 어렵지 않다.

독서클럽을 운영하면서 도서관 이용하기는 필수 활동이다. 우선 도서관으로 이동할 때 동행하기를 권하고 싶다. 그 이유는 안전에 대한 염려 때문이다. 또한, 모임이 지속되도록 이끌어주어야 정기적인 독서동아리 모임 유지가 가능하다. 자녀들의 부모가 순번제로 보호자 역할을 1명, 2명씩 담당해주는 것이 가장 합리적이다. 직장인 부모도 아이들과 도서관에 가는 날을 주말로 계획하면 문제가 없다. 만약, 아이들에게만 맡겼을 경우 이런저런 핑계로 독서동아리 활동이 한 주 두 주 미뤄지고, 흐지부지될 가능성이 크기 때문에 부모의 동참은 꼭 필요하다.

우선, 독서동아리 기획서 양식에 매주 일정을 적어두고, 학부모 보호자의 순번도 적어서 공식일정으로 만들어 실천한다. 이렇게 정해놓은 일정에 따라 자신이 읽고 싶은 책을 골라서 한 달 동안 읽는 시간을 가진다. 초등시기부터 습관이 된 도서관 독서동아리 클럽의 목표는 도서관에 자주 가서 책 읽는 습관 들이기부터 시작해서, 책 목록을 만들어 읽는 수준까지 훈련하게 되고, 책 읽기에 가속도 붙이기, 독서록 바로 작성하기, 독서이력 남기기까지 이어지게 된다. 도서관에 갈 때마다 30분에서 1시간 동안은 디지털실을 이용해 독서 후 감상 기록(독서이력)을 남기는 시간을 갖기를 권장한다.

'책을 읽으면 유익하다'는 말은 쉽다. 독신(讀神)이 되는 법, 독서영재로 키우기 등 셀 수 없는 지침서들이 동기부여가 될 수 있지만, 습관으로 만드는 것은 순전히 당사자의 몫이다. 아이들에게는 독서 임계점의 고지를 넘어갈 수 있는 동행코치 교육이 필요하다. 바쁜 부모에게는 쉽지 않은 일이지만, 어려운 실천을 통해 평생 남을 독서근육을 아이들에게 제대로 심어 주는 것이야말로 살아 있는 교육이다.

도서관 백독클럽 만들기 실천표(응용해서 활용하기)

번호	정기 날짜 시간	실천 내용 (책 읽기 동행코치)	동행 학부모 성활	특별사항
1	월 일 시			도서관 행사 참여
2	월 일 시			
3	월 일 시			
4	월 일 시			
5	월 일 시			
6	월 일 시			
7	월 일 시			
8	월 일 시			
9	월 일 시			
10	월 일 시			
11	월 일 시			
12	월 일 시			
13	월 일 시			
14	월 일 시			
15	월 일 시			
16	월 일 시			
17	월 일 시			
18	월 일 시			
19	월 일 시			
20	월 일 시			

중등 백독클럽(1~3년간 독신(讀神) 프로젝트)으로 독서습관을 잡고 독서기록도 한번에 해결할 수 있다. 자율동아리로 만들어 독서기록을 학교에 제출할 수도 있다. 독서동아리 운영방법은 다음과 같다. 중학교에 입학하면 바로 독서동아리 활동을 시작한다. 구성원은 또래 동아리 회원으로 7~8명을 만든다. 다음은 자율동아리 계획서를 작성한다. 계획서에는 모든 구성원이 기여할 부분을 합의해 적어둔다. 예를 들어 동아리장, 기록장, 출석장, 단체대화방 운영장, 과제 점검장, 간식 담당장, 기타 할 일을 논의 후에 역할을 배분하는 것을 말한다.

계획서에 학교 도서관에서 책 읽는 시간을 짜서 적는다. 도서관 활용이 익숙해지도록 도서관에서 동아리 활동을 진행하면 좋다. 계획서에 지역의 규모가 큰 도서관에서 읽는 시간을 최소 월 1회로 잡도록 한다. 이때 구성원 중 책임 기록장은 읽은 책 목록을 만들어 추가로 기록해둔다. 읽은 후에는 부담 없이 독서교육지원시스템에 읽은 만큼 아이가 편한 방법으로 독서기록을 해둔다. 방학 때는 아이가 특별한 도서관 프로그램에 참가해보게 하는 것도 추천한다.

학교 독서동아리와 함께 가족 독서동아리도 만들면 더욱 좋다. 구성원은 부모와 자녀다. 매월 1~2회 정도는 도서관을 방문하고, 책을 읽기 위한 기획서와 일정표를 자녀와 함께 만들고 실천해나가는 프로젝트다. 독서지도사가 아닌 엄마표, 아빠표 독서멘토가 붙는다. 자녀의 독서프로젝트를 지원하며, 엄마, 아빠, 멘토가 동행하는 것이다.

2. 도서관 정보 에버러닝 활용법

도서관마다 많은 교육 강좌가 열리고 있지만, 막상 원하는 강좌를 들으려고 정보를 찾으면 어디에서 들어야 할지 막막하다. 그럴 때 참고하면 좋은 사이트 하나를 소개한다. 서울특별시교육청에서 운영하고 있는 서울특별시교육청 평생학습포털 '에버러닝(http://everlearning.sen.go.kr)'이다.

에버러닝은 도서관 평생학습관과 평생교육 협력기관과의 협업을 통해 다양한 평생학습 프로그램을 제공하고 있는데, 다양한 분야의 강좌가 개설되어 있다. '에버러닝'은 기관 간의 유기적인 협력을 통해 인문교양교육, 문화예술교육 전반을 제공한다. 참여 대상도 다양하게 모집하고 있어서 초등생과 중·고등학생뿐만 아니라 성인층, 노인층까지 모든 연령층이 이용할 수 있다. 도서관에서 진행하는 다양한 문화 강좌를 비롯해 각종 교육프로그램을 무료로 수강할 수 있으니, 각 도서관에서 책을 빌리고 강의도 들으며 온 가족이 문화생활까지 누릴 수 있다.

에버러닝의 가장 큰 장점은 내가 사는 지역 근처의 도서관이나 평생교육원에 개설된 여러 강의를 한눈에 볼 수 있다는 것이다. 지역에 마련된 도서관을 제대로 활용할 수 있는 기회를 얻을 수 있을 뿐 아니라, 서울 거점 도서관에서 진행되는 강좌 정보를 한번에 체크하고 신청할 수 있어서 편리하다.

에버러닝을 이용하려면 우선 사이트에 접속해 회원가입을 해야 한다. 로그인 후에는 온라인으로 수강신청을 하면 된다. 다양한 강좌

에버러닝 홈페이지

가 나와 있는데, 홈페이지 상단 좌측을 보면 신규 강좌가 안내되어 있고, 중앙을 보면 공지사항과 무료강좌를 안내하는 공간이 있다. 이 강좌들을 클릭해보면 언제, 어디서 하는지 알 수 있고, 강좌에 대한 자세한 정보를 얻을 수 있어서 듣고 싶은 강의를 수강신청 하는 데 용이하다.

방학이 되면서 자녀들에게 많은 경험을 시켜주고 싶은 부모, 방학 동안 의미 있는 활동을 하고자 하는 대학생, 또는 자기계발을 하고 싶은 성인과 노인이 모두 참여할 수 있게 도와주는 에버러닝은 무료강좌가 대부분이다. 하지만 유료강좌도 저렴한 가격에 질 좋은 교육을 제공하는 만큼 신청은 조기에 마감되는 경우가 많다. 유익한 강좌들은 수강신청 시작 당일에 바로 마감되기도 하는 만큼 원하는 강좌를 꼭 듣고 싶다면 미리 모집 일정을 확인해 시작일에 신청을 하는 것이 요령이다. 독서특강이나 도서관 강좌를 찾아서 들으려면 듣고 싶은 강의 기획서를 써서 도서관에 제출하고, 도서관 담당자에게 강사 초빙을 부탁하거나 직접 강의를 의뢰하는 것도 좋은 방법이다.

3. 온 가족 독서목록을 만들고 읽으며 체크하기

펑펑 함박눈이 오던 날 사직동 어린이도서관에서 도서관으로 아장아장 걸어 들어가는 아이를 만났다. 아이는 함박눈이 오는데도 아랑곳하지 않고 씩씩하게 걸어서 도서관 입구에 가서야 목도리를 풀며 엄마를 바라봤다. 겨우 4살 정도로 보이는데도 얼마나 당당한지 도서관도 많지 않던 시기에 눈이 오나 비가오나 도서관을 자주 다녔음직한 아우라가 느껴졌다. 엄마와 함께 망설임 없이 저벅저벅 씩씩하게 문을 열고 들어가던 모습이 20년이 지난 지금도 선명하게 기억에 남아 있다.

여기서 핵심은 그 어머니에게서 느껴진 '동행'이라는 키워드다. 아이가 선택할 수 없을 때 몸에 습관으로 붙도록 도서관에 부모가 동행하면서 도서관 방문 놀이를 함께했던 것이다. 필자도 아이와 함께 도서관 나들이를 하면서 독서목록을 만들어 아이에게 적도록 했으며, 가족이 함께 읽고 체크한 그 체크노트를 아직도 소장하고 있다. 4살짜리의 삐뚤빼뚤한 책 제목 목록 글씨가 지금은 보물처럼 아끼는 감탄의 기억이 되어 있다.

평생 책 읽기 시대에 독서는 장기 레이스다. 따라서 부모가 나서서 아이들 책 중에서 좋은 책을 함께 선정해 읽고, 체크하는 노력은 필수가 되었다. 부모가 직장인이라면 부담스러운 일일 수도 있지만, 부모가 함께 아이들의 책을 읽고 자연스럽게 책 이야기를 나누는 환경을 만들기 위해서는 중요한 결심을 해야 한다. 아이들의 책은 어른들에게는 쉽게 읽히고, 많이 부담스럽지 않기 때문에 자녀의 역량에 따라 수준에 맞추어 책을 읽어간다면, 자녀와의 소통까지 해결되니 독서의 즐거움은 배가 될 것이다. 온 가족이 체크표에 기록할 독서목록을 정해서 기록하고, 같은 책을 읽고 완료 표시를 해보며 즐거운 시간을 가져보자.

온 가족 독서목록을 만들고 함께 읽고 체크하기
가족 독서목록표

번호	책 이름	아이 1	아이 2	엄마	아빠
1					
2					
3					
4					
5					
6					
7					
8					
9					
10					
11					
12					
13					
14					
15					
16					
17					
18					
19					
20					

〈가족 독서목록표 사용법〉
아이 1, 아이 2는 자녀의 이름을 작성한다.
도서목록을 작성한다(20권 이상 추가 가능).
가족 각자 읽은 독서목록에 체크한다.

04

실행력 Up! 아이가
스스로 실천하는 워크지

1. 모든 독서를 이력으로 남겨라

'독서활동'이 성실함의 대명사가 되려면 지속성이 중요하다. 초·중·고 12년간의 독서이력이 온라인에 고스란히 남아 있다면 정말 뿌듯할 것이다. 부산시 교육청이 개발해서 활용하던 모델이 전국 서비스로 확장되어 도입된 '독서교육종합지원시스템'은 학생이 책을 읽고 독후활동을 기록해 온라인 관리 프로그램에 남기면 담당교사가 이를 평가, 인증하는 시스템이다. 학교생활기록부와 연계되어 대입 전형에 활용되기 때문에 수험생들이 활용하기에 유용한 독서기록방법이다. 그럼에도 기록 습관이 되어 있지 않아서 사용하지 않는 학생들이 더 많다.

간단히 몇 줄로 기록하던 '단순 독서활동'이 앞으로는 독서분야, 흥미, 기록내용, 이해수준 등을 다각적으로 기록하는 '종합 서술형 독서 활동'으로 바뀐다는 것을 인지해야 한다. 학교에 프린트를 해서 제출할 수 있어서 과제로 활용하기에도 유용하다.

입시나 과제와 관련이 없다고 해도 독서의 중요성은 날로 강조되고 있다. 나날이 전문 영역으로까지 자리 잡고 있다. 그러므로 독서교육종합지원시스템을 활용한 꾸준한 독서기록은 가능하면 초등학교 시기부터 습관을 들여 놓아야 한다. 이는 온라인 기록 결과이므로 초·중·고 12년간의 독서이력사항을 날짜별, 그리고 과학, 인문, 사회 등의 분야별로 찾아볼 수 있다. 교과 관련 독서기록 증빙자료로 활용할 수 있기 때문에 지속적인 관리가 반드시 필요하다.

입시에서 독서활동 이력들이 중요한 이유는 평가에서 독서 역량이 큰 비중을 차지하기 때문이다. 초등, 중등 시기에 단순 독서활동을 하던 학생들도 '나를 알리는 포트폴리오' 노트에 기록했던 감상과 가볍게 끄적인 메모까지도 독서교육종합지원시스템에 옮겨두어야 한다. 이렇게 기록을 모아두는 이유는 읽었던 책을 기록한 자료로 활용할 수 있을 뿐만 아니라, '나를 알리는 독서자료'도 동시에 준비해두기 위함이다. 자녀들이 귀찮아 할 수도 있지만, 그런 생각을 극복하고 '자녀 스스로 관심 분야에 맞는 독서활동을 꾸준히 했느냐'를 대입 평가요소에 활용될 자료로 만들어 두기를 권한다. 학문을 탐구하고 사회생활을 하는 데 가장 기본이 되는 독서능력을 향상시키는 것은 작은 기록까지도 모아두는 움직임에서부터 시작된다.

독서교육종합지원시스템 가입방법 Tip.

1. 학교 담임 선생님 또는 독서담당 사서 선생님께 DLS 아이디(교육청에서 학생 개인에게 부여)를 가르쳐 달라고 말씀드린다. 학교에 따라 학기 초에 도서관 대출을 위해 DLS 아이디를 미리 부여하기도 한다.

2. 자신이 속한 지방의 독서교육종합지원시스템 창을 검색해서 찾은 후 회원가입해 활용한다.

2. 표에 맞추어 독서리뷰 따라 쓰기 훈련

책을 읽고 독서감상문을 쓸 때 복잡한 양식에 많은 양을 기록해야 한다면, 아이들은 책 읽기 자체에 겁을 먹을 것이다. 간단한 독서기록만으로도 아이들에게 다양한 책 읽기의 감동을 고스란히 느끼도록 할 수 있다. 그러기 위해서 먼저 읽고 싶은 분야의 책을 한 권 정해서 책을 읽고 리뷰를 작성하게 한다. 책을 읽으면서 밑줄을 쳐두었다가 마음에 남는 글귀를 문장 그대로 노트에 옮겨 적은 후 관련된 경험이나 그 부분을 읽고 떠오른 생각을 아래 칸에 적게 한다. 그 글귀와 관련된 자신의 느낌은 어떤 것이라도 좋다. 아이가 쉽고 놀이처럼 여길 만한 독후기록 활동을 반복하면 독서에 자신감을 갖게 되고 독서감상문 쓰기까지 수월하게 익힐 수 있다.

구분	내용 (　쪽 ~　　쪽)
리뷰 작성 사례 – 글귀 그대로 베껴 쓰기	
글귀를 읽으며 떠오른 감정 그대로 기록	
글귀와 관련된 경험	

3. 자녀가 만든 스토리를 모아 책 만들기

출판사에서 출판한 것처럼 생각될 정도로 전문적으로 동화책을 만들어 주는 미술학원이 있다. 그림 동화를 만들어내면서 삽화까지 높은 수준으로 만들어진 샘플을 제시하며 홍보하곤 한다. 자신의 상상력이 스토리로 구현되고, 동화책으로까지 나오는 과정을 아이들이 경험하는 것은 좋다는 생각을 했다. 그러나 학원을 통해야만 제작이 가능하고, 비용도 권당 높은 편이라서 부모들에게는 부담이 될 수도 있다.

조금은 어설퍼도 가정이나 학교에서 자신이 만들어낸 이야기를 글로 쓰고 삽화도 그려 넣은 후 수정보완을 거쳐서 책으로 만들어 내보는 것도 어려운 일은 아니다. 처음에는 어떻게 해야 할지 몰라 주저하다가도 한번 책으로 만들어보면 초등학교와 중학교 학생들 스스로 자신의 아이디어를 생산해내는 즐거움을 맛보게 될 것이며, 작업 과정에 대해 두려움 없이 앞으로도 창조작업에 계속 도전하게 될 것이다. 이러한 책 만들기는 지속적인 글쓰기로 이어져 성장하면서 책 쓰기까지 발전할 수 있다.

책 제본 과정

(1) 집에서 직접 책 만드는 순서

가. 표지용 종이, 커터 칼, 자, 접착본드 등을 준비한다.

나. 책으로 만들 이야기가 기록된 속지도 준비한다(활동한 내용을 모아둔 것, 또는 처음부터 제본해서 써도 됨).

다. 다음 그림처럼 표지 위에 자로 자국을 낸다. 책등 부분에 두께 표시가 된다.

라. 책에 붙일 출력물 부분에 본드를 적당량 바른다.

마. 책등 표시 따라 선대로 접은 뒤 출력물과 나란히 붙인다.

바. 접었던 표지를 펴고 표지 속 책 면에 본드를 바른 후 속지 부분
　을 붙여준다.

사. 본드 면이 마른 후 표지 종이 한 쪽 면을 들고 칼로 표지 여분
　을 잘라낸다.

아. 책이 완성되었다. 다른 노트도, 책도 만들기 어렵지 않다.

표지용 종이는 책으로 쓰일 부분만 생각해서 여유 있게 프린트 하
면 집에서도 할 수 있다. 제본 업체에 프린트 제본을 맡겨도 2,000원
정도면 가능하다.

② 복사업체에 맡겨서 책 만드는 순서

가. 아이가 활동했던 속지를 모은 후에 50~200장 사이로(원하는 분야. 원하는 장 수 선택) 묶을 내용을 나눈다. 책 표지에 들어갈 그림은 스스로 그리거나 사진으로 선택한다.

나. 동네 주변이나 대학가 앞의 복사업체에 가져다주고 스프링 제본이나, 떡제본(본드로 붙이는 방식)으로 의뢰하면 간단하게 내 책이 완성된다.

나만의 책 만들기 아이디어 응용 방법 Tip.

1. 한 줄 감상
2. 나를 바꾼 한 줄 독서감상
3. 나만의 빛나는 독서록
4. 리뷰
5. 스토리보드
6. 만화
7. 요리과정 설명

책은 자신의 아이디어를 적어보고 그에 따라 페이지 수를 정해서 소책자 형태라도 만들어보고, 더 많은 글을 써서 묶어보도록 하자. 이런 연습을 통해 책 쓰기에 도전해보자.

4장

자녀의 역량 키우기
(학업 역량)

자녀의 역량은
부모가 정한다

1. 자녀는 부모가 기대하는 만큼 성장한다

"우리 아들은 통 국어를 못해. 자기 딸은 어때?"

"우리 딸은 수학이 안 돼. 집중력이 없어서 오래 앉아 있어야 말이지."

"우리 아들은 도통 책을 안 읽으려고 해. 책만 보면 잠이 오나 봐. 왜 그러나 몰라."

"그러게. 학원을 바꿔야 하나?"

"학원보다 과외가 낫다고 하더라. 104동 사는 우진이 있잖아? 과외하는데 괜찮대. 같이 알아볼까?"

"우리 딸 꼭 넣어줘야 돼. 알았지?"

누구나 자녀가 공부를 잘하기를 바란다. 하지만 정작 그 아이의 정량은 대부분 부모가 정하는 것 같다. 처음 아이가 태어나 옹알이를 시작하면 벌써 말을 한다며 감탄한다. 조금 더 시간이 지나 우연히 어려운 단어라도 한마디 한 것 같으면 온 동네에 자랑하느라 정신이 없다. 연필을 잡을 때쯤 숫자 비슷한 그림을 그리거나 곤충을 쳐다만 봐도 "훌륭한 과학자가 될 것 같네. 천재네" 하며 야단법석이다. 그렇게 아이가 하는 모든 행동이 대견해 보인다. 발달단계에서 누구나 거치는 과정인데도 부모는 특별한 의미를 부여한다. 자기가 생각하는 대로 보는 것이다. 그러나 그런 감탄은 인지학습이 확인되는 초등학교나 중학교에서 성적을 받아오면 180도로 달라진다. 이런 것도 모르나 싶어 자녀에게 실망하고, 공부를 더 하라고 다그치기 일쑤다. 자신의 생각대로 안 따라주면 곧 뇌리에 '우리 아이는 공부는 안 되는구나' 하고 못을 박는다.

'우리 아이의 역량은 이만큼이다'라고 단정 짓는 순간부터 자녀는 딱 그만큼만 한다. 말로 표현한 적은 없으나 은연중에 부모는 온몸으로 '너는 그것밖에 안 돼'라고 말하고 있기 때문이다. 아이들은 말하지 않아도 다 알아챈다. 부모가 자신의 능력을 어디까지라고 믿고 있는지 말이다. 성적표를 받아 왔을 때 말로는 "그래, 괜찮아. 다음에 잘하면 되지 뭐"라고 격려하면서 속으로는, '으이그. 이래 가지고 쯧쯧' 하는 것을. 그 속내를 들키지 않으려고 노력하지만, 눈빛으로, 목소리의 톤으로 실망이나 낙담을 감추기는 쉽지 않다. 할머니, 할아버지 등 다른 가족 앞에서, 친구들의 모임에서 자녀의 성적이나 능력을 곧잘 폄하하기도 한다. 자신의 능력이나 성적에 대해 말하기 꺼리는 부모의 모습을 보며, 자녀는 무의식적으로 자신의 능력을 그것만큼 한정하게 된다.

부모들은 자랑 대신 겸손이 미덕(美德)이라고 여긴다. 자식이나 남편 자랑은 팔불출이라며 남들 앞에서는 자녀가 잘하는 것보다는 못하는 것을 가십거리로 삼는다. 그것을 자녀는 다 눈치채고 만다. 자녀에게 직접 하는 말보다 부모가 평소 자신에 대해 주위 다른 사람들에게 하는 말에 더 큰 영향을 받는다. 자녀에게 하는 직접화법보다 간접적으로 하는 말, 부모의 뒷모습에 더 신경 써야 하는 이유다.

평소 자녀들에 대해 주로 하는 말, 행동 체크

연번	내용	그렇다	아니다
1	자녀에 대해 부정적인 말을 더 많이 한다.		
2	자녀가 잘하는 것보다 못하는 것이 더 잘 보인다.		
3	자녀가 점수를 낮게 받은 과목에 대해 이야기한 적 있다.		
4	주위 지인들에게 자녀가 쉬운 문제를 틀렸다고 야단친 에피소드를 이야기한 적 있다.		
5	자녀가 누구를 닮아서 공부를 못하는지 모르겠다고 말한 적 있다.		
6	자녀의 잘못된 습관에 속상하다고 공공연하게 말한 적 있다.		
7	부부 싸움에서 서로 자녀가 당신을 닮아서 그렇다고 말한 적 있다.		
8	자녀에게 상처가 되는 말을 하고 사과를 하지 않은 적 있다.		
9	성적이 낮은 것을 학원 등 남 탓으로 돌린 적 있다.		
10	자녀는 스스로 알아서 못하니 뭐든 챙겨줘야 한다고 생각한다.		

- 7가지 이상 : '그렇다'에 체크했다면 반성하고, 적극적으로 태도를 바꾸어야 한다.
- 5가지 이상~7가지 미만 : '그렇다'에 체크했다면 체크한 부분을 염두에 두고 늘 태도를 바꾸려고 신경을 써야 한다.
- 4가지 이하 : '그렇다'에 체크했다면 자녀와 대화를 통해 함께 성장할 가능성이 매우 높다.

자녀의 마음이 상할까 봐 앞에서 할 수 없는 말은 주위 사람들 앞에서도 하면 안 된다. 자녀는 주위 사람들에게 하는 말이 진짜 엄마, 아빠의 속마음이라고 생각한다. 그리고 그것을 진짜 자신의 능력이라고 여기기 쉽다. 그러면 어떤 말을 해야 할까?

자녀의 장점을 최대한 살려서 말해야 한다. 너무 과장해서 말하는 것도 금물이다. 구체적인 팩트에 근거해 희망적으로 말해야 한다. 처음 자녀가 옹알이를 했을 때 주위 사람들에게 천재라고 자랑했던 그 느낌으로 말이다. 그러면 자녀는 자신이 그런 사람이라 인지하게 되고, 그렇게 살아야 된다는 것이 뇌리에 각인이 된다. 예를 들어 전날 책을 읽다가 잠든 자녀에게 이렇게 말한다.

"우리 우진이는 책을 읽으며 잠드는 것을 좋아해. 어제는 책을 읽다가 곤히 잠들었어. 책 속의 주인공을 만나는 꿈을 꾸는 것 같았어."

그러면 자녀는 '내가 책을 읽으며 자는 것을 좋아하는구나'라고 생각하게 되고, 다음 날도 "엄마 나 책 읽으며 잘래"라고 말하게 된다. 그런 일들이 쌓이게 되면 습관이 된다. 습관은 그 사람의 모든 행동을 형성하는 기본이 된다. 자신이 주로 하는 말을 정리해보자. 그리고 어떤 방식으로 고쳐야 할지 한번 써보자.

자녀에 대해 주위 사람들에게 주로 하는 말	앞으로 어떤 말을 해야 할까?

이렇게 말을 고쳐 하려면 자녀를 잘 관찰해야 한다. 잘 관찰하려면 자녀와 함께하는 시간의 양 보다 퀄리티 를 높여야 한다. 칭찬은 구체적이어야 하고, 팩트 여야 한다. 너무 부풀려서 말하다 보면 허세를 부리게 되고, 거짓은 아이들도 금방 눈치챈다.

2. 부모는 무대장치를 디자인하는 무대감독

"뭐해? 공부는 안 하고."

"조금 전까지 했어."

"하긴 뭘 해? 아까부터 폰만 하고 있던데…."

주말 오후에 게임을 하거나 폰만 만지작거리는 아이의 행동에 늘 불만이라 오늘은 작정하고 한마디 한다. 그런데 아이는 공부하다가 잠시 폰을 본 것이라고 둘

러댄다. 그냥 "알았어요. 공부할게요" 하고 가서 책을 보면 좋으련만 퉁명스러운 말대답만 돌아온다. 오늘도 속이 상한다. '저래 가지고 어쩌나?' 하는 마음에 한숨이 절로 나온다.

"엄마는 맨날 잔소리야."

아이는 쾅하고 문을 닫고, 자기 방으로 들어가서 저녁때가 되어도 나오지 않는다.

요즘 아이들이 사는 세상과 부모들이 살아온 세상은 많이 다르다. 부모가 변화를 수용하고 자녀의 시대를 받아들여야 한다. 불과 20여 년 전만 해도 많은 부분에서 표현의 자유를 제한당하고 감정을 억압당하며 살았다. 부모들 세대는 어른들이 뭐라고 하든 대꾸를 하거나 퉁명스럽게 말대답을 하면 안 되었다. 힘들고 억울할 때도 있지만 참고 견디며 수용하는 것을 미덕으로 여겼다. 하지만 요즘 아이들은 자기 표현을 잘한다. 그리고 당당하게 자신의 감정이나 느낌을 표현하도록 교육받는다. 기분이 나쁘면 나쁘다고, 억울한 것은 억울하다고 말이다. 부모들도 자녀가 자기 표현이나 주장을 당당하게 말하기를 바란다. 그런데 앞의 에피소드처럼 자기 표현을 하는 것도 좋아할까?

부모의 기준으로 아이를 보면 뭐든 마음에 안 든다. 처음 자녀가 태어났을 때처럼 아이 기준으로 자녀를 봐야 한다. 그렇다고 항상 수준을 낮춰 보라는 것은 아니다. 정서나 감정을 자녀 수준에 맞추어 주라는 것이다. 자녀를 인격체로 대우해주는 것이 최우선이다. 무슨 일을 계획하든 자녀의 감정을 물어보고 그것을 존중해야 한다. 물론 싫어한다고 마냥 아이 하자는 대로 하라는 것도 아니다. 반드시 필요한 일이라면 자녀가 납득할 수 있도록 충분한 설명으로 설득해야 한다.

다양한 상황 속에서 부모는 어떻게 자녀를 대해야 할까? 부모는 어떤 역할을 해야 할까?

부모는 자녀가 인생이라는 무대에서 성공적인 공연을 할 수 있도록 최선의 무대를 제공해야 한다. 무대란 무엇일까? 무대는 자녀가 경험하는 모든 시공간이라 할 수 있다. 무조건 크고 화려한 무대가 좋은 것은 아니다. 자녀가 자신의 꿈과 역량을 최대한 발휘할 수 있는 무대가 최고의 무대다. 영화나 연극도 주제에 걸맞지 않으면 아무리 크고 화려한 무대라도 극을 망치고 만다. 자녀가 무엇을 좋아하고 어떤 분야에 적성과 흥미가 있는지 잘 파악해 자녀가 가장 돋보이는 무대를 만들어야 한다. 즉 부모는 자녀의 꿈을 펼칠 멋진 무대를 만드는 무대감독이 되어야 한다. 그런데 대부분의 부모들은 연출가가 되려고 한다. 이래라 저래라 하면 성공 못한다. 부모들은 마치 드라마나 영화를 연출하듯 자녀의 인생을 재단하려고 한다. 그건 월권(越權)이다. 부모는 단지 자녀에게 어울리는 무대를 만들어주고 뒤에서 멋진 공연을 하도록 격려하고 지지하는 무대감독이어야 한다. 무대가 맞지 않으면 동선에 맞게 무대를 개선하고 자신의 역할을 잘 해내도록 그저 지켜보면 된다.

자녀에게 쉽고 재미있는 무대만을 제공하는 것이 좋을까? 아니다. 어렵고 힘들다고 자녀가 다 싫어하는 것은 아니다. 의외로 수준 높은 인문학이나 예술 공연도 자녀에게 큰 울림을 줄 수 있다. 이런 느낌 있는 경험이 자녀들의 안목이나 세상의 크기를 결정하는 큰 무대가 될 수 있다. 자녀에게 어떤 가치 있는 무대를 마련해줄까 고민해야 한다. 자녀에게 어떤 가치의 무대를 선사할지 생각해보자.

부모는 무엇을 중요하게 생각하고
어떤 가치를 자녀에게 주고 싶은가?

※ 다음 진로 가치표를 보고 순서대로 활동지를 작성하세요 (1 ~ 2)

감동	교감	몰입	수용	유머	즐거움	평온
감사	긍정	믿음	신중	유연함	지혜	평화
건강	기쁨	배려	실천	자각	진정성	한결같음
격려	기여	배움	여유	자신감	창의성	행복
결단	깨달음	보람	열정	자유	창조	협동
겸손	꿈	봉사	예의	절제	책임	호기심
경외심	끈기	사랑	용기	정의	친절	활력
경청	노력	성실	용서	정직	탁월함	휴식
공감	도전	성찰	우정	존중	통찰	희망

1 나를 살아가게 하는 가치를 앞에서 9개 고르세요.

2 자녀에게 선물하고 싶은 가치를 앞에서 3개 고르세요.

자녀 1			
자녀 2			
자녀 3			
자녀 4			

③ 자녀에게 그 이유를 설명하고 대화를 나누어 보세요.

자녀 1			
자녀 2			
자녀 3			
자녀 4			

자녀 무대지원 부모 플래너

★ 기록은 가장 확실한 성장 방법입니다.

오늘 자녀에게 줄 가치　　　　　　　20　년　월　일 (　요일)

자녀의 꿈을 위한 나의 한 걸음

번호	할 일(만들어 주고 싶은 무대)	결과
1		○ △ ×
2		○ △ ×
3		○ △ ×
4		○ △ ×

자녀의 반응과 변화

나의 한 걸음	자녀 반응	변화된 태도	개선이 필요한 부분(무대)
1	○ △ ×		
2	○ △ ×		
3	○ △ ×		
4	○ △ ×		

오늘 하루 되돌아보기

오늘을 정리하며 자녀가 한 말 중 가장 기억에 남는 말은?	
오늘 자녀에게 칭찬해주고 싶은 것은?	
오늘 문득 떠오르는 나만의 생각을 자유롭게 적어보기	
오늘 하루 자녀의 인생무대 만들기에 노력한 나에게 주고 싶은 별 개수는?	☆ ☆ ☆ ☆ ☆

다음은 진로가치의 의미입니다. 부모 플래너를 작성할 때와
자녀의 꿈 성장 기록을 작성할 때 참고하세요.

1. 감동 : 마음속 깊은 곳에서 '울림'을 경험하는 것
2. 감사 : 나에게 은혜를 베풀어주거나 도움을 주신 분께 고마움을 표현하는 것
3. 건강 : 몸과 마음이 튼튼해 자신 있고 활력 있게 살아갈 수 있는 상태
4. 격려 : 용기나 의욕이 솟아나도록 인정해주고 지지해주는 것
5. 결단 : 어떤 일이나 계획을 행동에 옮기도록 단단히 마음을 먹는 것
6. 겸손 : 남을 존중하고 자신을 내세우지 않는 마음
7. 경외심 : 어떤 존재에 대해 마음속 깊이 공경하고 소중히 여기는 마음
8. 경청 : 다른 사람이 하고자 하는 이야기를 온전한 마음으로 정성껏 듣는 것
9. 공감 : 다른 사람이 생각하고 말하고 느끼는 것과 같은 입장이 되어 그것을 받아
   들이는 것
10. 교감 : 다른 사람과 서로 마음이 통해 함께 나누고 있다는 느낌
11. 긍정 : 있는 그대로 인정하고 받아들이거나 사물의 밝은 측면을 보려는 태도
12. 기쁨 : 욕구가 충족되거나 목표가 달성되었을 때 느껴지는 즐거운 마음
13. 기여 : 자신이 속한 모임에서 하는 일에 힘을 보태어 잘 이루어지도록 하는 것
14. 깨달음 : 갑갑하고 이해되지 않고 어둡게 느껴지던 것들이 밝고 명확하게 드러나
    알게 되는 것
15. 꿈 : 자신이 하고 싶은 일이나 진정 가치가 있다고 여기는 일을 마음에 품는 것
16. 끈기 : 쉽게 포기하거나 단념하지 않고 시간과 노력이 얼마가 걸리든 꾸준히 나
    아가는 자세
17. 노력 : 사람이 어떤 목적을 이루기 위해 몸과 마음을 다해 애를 쓰는 것
18. 도전 : 예상되는 어려움과 위험이 있음에도 불구하고 자신이 하고자 하는 일에
    다가서는 것
19. 몰입 : 원하는 곳에 정신을 집중해 모든 잡념과 방해물을 차단하고 대상과 하나

가 되는 일체감을 느끼는 상태

20. 믿음 : 자신의 가장 소중한 것까지도 아무런 의심 없이 나누고 맡길 수 있는 마음 상태

21. 배려 : 다른 사람의 마음 상태나 처해 있는 상황을 애정 어린 눈으로 살펴서 불편하지 않도록 해동하는 것

22. 배움 : 새로운 것을 알고 깨우치고 몸에 익혀서 이전보다 더 나은 사람이 되도록 하는 것

23. 보람 : 어떤 일을 한 뒤에 얻어지는 좋은 결과나 만족감. 또는 자랑스러움이나 자부심을 갖게 해주는 일의 가치

24. 봉사 : 내가 가진 것의 일부를 타인과 나눔으로써 그들의 삶이 풍요로워지도록 돕는 것

25. 사랑 : 자신이 가진 것을 아낌없이 주고도 더 주고 싶은 마음

26. 성실 : 어떤 일을 할 때 마음으로는 정성을 다하고 몸으로는 최선을 다하는 것

27. 성찰 : 자신의 언행과 마음을 되돌아보면서 세심히 살피는 것

28. 수용 : 외부의 상황이나 타인의 의견이 자신의 기대와 다르더라도 인정하고 받아들임

29. 신중 : 어떤 언행이나 결정을 하기 전에 그로 인해 어떤 일이 일어날지 생각하는 태도

30. 실천 : 생각하고 말하고 계획한 것을 실제 행동으로 옮기는 것

31. 여유 : 어떤 일에 임할 때 성급하게 굴지 않고 상황판단이나 행동을 느긋하게 하는 마음 상태

32. 열정 : 어떤 일에 뜨거운 애정을 가지고 열중하는 마음

33. 예의 : 다른 사람을 존중하고 배려하는 마음에서 나오는 공손한 몸가짐

34. 용기 : 마음에서 우러나온 사물을 겁내지 않는 씩씩하고 굳센 기운

35. 용서 : 타인이 지은 죄나 잘못한 일에 대해 꾸짖거나 벌하지 아니하고 덮어 주는 마음

36. 우정 : 친구 간의 인간적이고 따뜻한 마음의 교류

37. 유머 : 어떤 말이나 행동으로 남을 웃게 해 웃음을 선사하는 행동

38. 유연함 : 자신의 생각을 내세우지 않고 반대하는 상대방의 의견에 귀를 기울여 주는 태도

39. 자각 : 현실을 판단해 자기의 입장이나 능력 등을 스스로 깨달음

40. 자신감 : 어떤 일을 해낼 수 있다거나 어떤 일이 꼭 그렇게 될 것이라고 스스로 굳게 믿음

41. 자유 : 외부적인 구속이나 무엇에 얽매이지 아니하고 자기 마음대로 할 수 있는 상태

42. 절제 : 자신의 마음을 조절해 어떤 일의 정도에 넘지 않게 제한하는 것

43. 정의 : 개인 간의 올바른 도리를 다하는 것
44. 정직 : 자신과 타인에게 숨기지 않고 있는 그대로 말하고 행동하는 것
45. 존중 : 상대방을 높고 귀하게 여기는 마음
46. 즐거움 : 마음에 거슬림이 없이 흐뭇하고 기쁜 느낌이나 마음
47. 지혜 : 어떤 일이나 현상의 이치를 빨리 깨달아 정확하게 처리하는 정신적 능력
48. 진정성 : 진실되고 참된 애틋한 마음
49. 창의성 : 남이 미처 생각하지 못한 기발한 것을 생각하거나 새로운 의견을 내는 능력
50. 창조 : 세상에 존재하지 않는 것을 만들어내어 사람들에게 도움을 주는 것
51. 책임 : 자신이 속한 조직에서 맡아서 해야 하는 임무나 의무
52. 친절 : 상대방에게 정겹고 고분고분하게 대하는 태도
53. 탁월함 : 남보다 두드러지게 우수하고 나은 상태
54. 통찰 : 자신의 예리한 시각으로 어떤 일이나 사물의 특성을 꿰뚫어 알아내는 것
55. 평온 : 주변에서 아무런 영향을 받지 않아 마음이 고요하고 편안한 상태
56. 평화 : 남과 어떤 갈등이나 분쟁이 없이 지내는 상태
57. 한결같음 : 사람의 마음과 행동이 처음부터 끝까지 똑같은 모습을 보이는 것
58. 행복 : 생활 속에서 충분한 기쁨과 만족으로 흐뭇한 상태
59. 협동 : 자신과 상대방의 마음과 힘을 하나로 합쳐서 어떤 일을 해결해 나가는 것
60. 호기심 : 새롭고 신기한 것을 좋아하거나 모르는 것을 알고 싶어 하는 마음
61. 활력 : 자신의 몸에 생기가 돌아 상대방에게 활발한 느낌을 주는 것
62. 휴식 : 하던 일을 멈추고 잠시 쉬는 것
63. 희망 : 자신의 앞일에 대해 어떤 기대를 가지고 바라는 마음

자녀의 멋진 공연 무대를 만들어 줄 수 있는 장소나 활동, 대화 내용 등을 조사하고 정리해보자. 감동이나 교감을 줄 수 있는 무대는 어떤 무대일까? 감동을 주는 음악회나 연극, 영화와 같은 예술 장르일 수도 있고, 상상력을 불어넣는 동화나 전설 같은 스토리텔링도 좋고, 교훈을 일깨워주는 위인들의 전기문도 괜찮다. 봉사나 절제, 책임감과 같은 무대를 제공할 수 있는 활동은 무엇이 있을까? 지역 양로원이나 장애인 시설에서 자녀와 함께 봉사활동을 하는 것은 어떨까? 함

께 땀을 흘리며 봉사나 책임감에 대해 깊은 대화를 할 수 있다. 끈기와 노력, 도전의 가치를 부여하기 위해서는 어떤 곳에서 무슨 활동을 하면 좋을까? 그 가치와 무대가 반드시 정해져 있거나 매치(Match)되는 것은 아니다. 부모가 나름대로 철학을 가지고 의미를 부여하면 된다. 자녀에게 주고 싶은 가치와 실행할 수 있는 무대를 찾아보자. 그리고 실천하자.

주고 싶은 가치(무대)	활동장소	활동내용	활동시간

3. 자녀의 진정한 멘토는 부모

그 유명한 천재 아인슈타인(Albert Einstein, 1879~1955)도 초등학교와 중등교육인 김나지움(Gymnasium) 시절에는 열등생이었다. 그 당시 교육은 라틴어 문법 규칙, 세계사 사건들의 연도와 수학공식 등을 암기하는 공부였다. 얼마 전까지만 해도 우리나라 학교교육의 모습도 크게 다르지 않았다. 아인슈타인은 그런 공부에 진절머리가 났다고 말했다. 노벨물리학상을 수상한 물리학자이며, 그 유명한 상대성이론을 확립한 아인슈타인이 수학공식을 외우는 것을 싫어했다는 것이 믿어지는가? 물론 어려운 라틴어 문법 규칙이나 기하학 공식을 외우는 것을 좋아하는 사람은 없다. 아인슈타인도 마찬가지였다. 하지만 그에게는 야코프 삼촌이 있었다.

수학은 학생들을 괴롭히려고 만든 것이 틀림없다고 말하는 아인슈타인에게 야코프 삼촌은 "앨버트, 수학은 말이야. 정말 놀라운 학문이야"라고 하면서 그 어려운 공식이 '왜(Why)' 생기게 되었는지 설명해 주었다.

"중요한 것은 수학공식들을 외우는 것이 아니라, 왜 그런 공식들이 나왔는지를 이해하는 것이란다. 기하학은 고대 그리스인들이 자녀에게 땅을 공평하게 물려주기 위해 만든 공식이야."

그 뒤 아인슈타인이 어떻게 되었는지는 말 안 해도 알 것이다. 흥미가 없으면 어떤 공부도 재미가 없다. 흥미는 '왜(Why)' 이 공부를 해야 하는가?'와 관련이 있다. 부모는 자녀가 학습에 흥미를 갖도록 아인슈타인의 '야코프' 삼촌과 같은 멘토(Mentor) 역할을 해야 한다. 이렇게 말하면 "아인슈타인이니까 그렇죠. 우리 애는 그렇게 말해도 안돼요. 타고 나는 거예요"라고 말할 수 있다. 그런데 그 말대로 타고 나는 거라면 그 어떤 것도 시도할 필요가 없지 않은가. 필자는 학교에서 이런 멘토링(Mentoring)으로 변화하는 많은 학생들을 봐왔다는 것을 자신 있게 말할 수 있다.

아인슈타인은 특별한 사람이라서 그렇다고 말하는 사람의 말이 맞을지도 모른다. 하지만 아인슈타인에게 소설이나 철학 분야에서 동기유발을 했더라도 위대한 업적을 남겼을까? 아닐지도 모른다. 대단한 과학적 기술이 아니라 소소한 것이지만, 적재적소에 필요한 적정기술(適正技術)이 더 중요한 것처럼 내 아이에 맞는 적정코칭이 필요하다. 그것을 가장 잘할 수 있는 사람이 부모다. 아인슈타인의 '야코프' 삼촌과 같은 적절한 멘토링과 코칭을 위해 부모는 어떻게 해야 할까?

자녀의 멘토가 되기 위해서는 먼저 다양한 경험치와 자질이 필요하다. 자녀가 수용하고 받아들일 수 있는 지적, 윤리적, 전문적 권위가 있어야 한다. 그렇다고 아인슈타인과 같은 엄청난 지적능력의 소유자가 되라는 것은 아니다. 적어도 기본적인 아동발달단계나 욕구단계, 심리적 현상 정도는 알아야 한다. 또한 자녀교육에 대한 다양한 책이나 자료들을 읽고, 자녀양육에 대한 철학을 가지려고 노력해야 한다. 그리고 가정의 상황과 환경에 가장 알맞은 양육태도로 선택과 집중을 해야 한다.

다음은 일관성 있는 태도가 필요하다. 일관성 있는 양육태도는 자녀의 신뢰를 얻을 뿐 아니라, 자녀가 부모의 태도를 예측할 수 있게 해 준다. 부모의 태도를 예측할 수 있다는 것은 자녀가 선택의 순간에 어떤 행동을 취해야 할지를 알려주는 지표가 된다. 자신의 행동방향을 정하기가 쉬워 훨씬 안정감을 가질 수 있다. 일관성이 없는 양육태도는 쉽게 신뢰를 잃게 되고, 쉽게 잃은 신뢰는 좀처럼 회복하기 어렵다. 신뢰를 잃으면 자녀교육이 곧 수난이라는 것은 불 보듯 뻔한 일이다.

오늘은 "인성이 중요해. 사람이 되어야지. 그렇게 거짓말을 하면 못써"라며 인성을 강조하다가 다음 날에는 "너는 성적이 그게 뭐냐? 공부를 잘해야 성공하는 거야. 그래 가지고 어떻게 세상을 살겠어?" 라고 하면 자녀는 헷갈릴 수밖에 없다. '도대체 뭐가 중요하다는 말이야?' 하며 속으로 수긍을 하지 못한다. 한번 안 된다고 선을 그은 것은 떼를 쓴다고 허락해서는 안 된다. 한번 허락하면, 무슨 일이든 떼를 쓰면 된다는 것을 학습하게 된다. 한번 안 된다고 한 일은 다음에도 안 되는 일이어야 한다. 안 되는 이유를 구체적으로 설명하면 자녀도 수긍한다.

물건을 사달라고 조를 때도 부모의 기분에 따라 이랬다저랬다 하면 안 된다. 아무리 싼 것이라도 필요 없고, 해가 된다고 생각하면 사주면 안 된다. 조금 부담이 되는 비싼 물건이라도 아이에게 꼭 필요하고, 중요한 것이라면 사주어야 한다. 그 대가로 얼마를 지불해야 하고, 얼마나 절약해야 하는지를 알려주면 된다. 그렇다고 부모의 기준에 준해 절대로 안 된다고 선을 긋는 것은 관계에 금이 갈 수 있다. 반드시 필요한 이유를 묻고 납득이 가면 허락해주어야 한다.

마지막으로, 자녀의 성향을 제대로 파악해야 한다. 남이 하는 것이 아무리 좋아 보여도 무작정 따라 하는 것은 금물이다. 우리 아이 교육을 망치는 사람은 '옆집 아줌마'라는 말이 있듯 주위 사람들의 말에 쉽게 흔들리면 안 된다. 옆집 아줌마의 말에 현혹되어 자신의 자녀에게 맞지 않는 옷을 입으라고 강요하면 되겠는가. 우리 아이는 어떤 성격의 소유자이며, 어떤 특징과 개성을 가지고 있는지를 제대로 파악해야 한다. 같은 자식이라도 첫째와 둘째의 성격에 미묘한 차이가 있듯 각각의 색깔에 맞는 적정멘토링이 무엇보다 중요하다.

멘토가 되기 위해 필요한 부모의 노력

① 솔직하게 말하고 신뢰를 잃지 말아야 한다.
② 무슨 말이든 비약하거나 과장하기보다는 근거를 제시하며 말해야 한다.
③ 자녀가 질문을 할 때 책이나 자료를 찾아서 데이터를 보여주어야 한다.
④ 자신이 실천하기 어려운 것은 자녀에게 강요하지 말아야 한다.
⑤ 한번 뱉은 말은 지켜야 한다.
⑥ 자녀가 어려운 상황이나 갈등에 처했을 때 즉흥적으로 대처하기보다는 합리적인 방법을 모색하는 습관을 가진다.
⑦ 성현의 말이나 명언을 기록해두었다가 필요할 때 적절히 제공한다.
⑧ 어려운 공부도 도전하면 할 수 있다는 것을 진심으로 말해야 한다.
⑨ 늘 자녀를 믿고 있고 든든한 지원군이라는 것을 보여주어야 한다.
⑩ 부모의 기준보다는 자녀의 특성과 성격을 잘 파악해 그에 맞는 적정코칭을 제공해야 한다.

유형	특징	코칭법
럭비공 같이 튀는 형	• 활발하고 사회성이 좋다. • 도전하기를 좋아하고 주도적이다. • 정적인 것보다 동적인 활동을 좋아한다. • 한곳에 오래 머물기를 싫어한다. • 오랜 시간 책상에 앉아서 공부하는 것을 힘들어 한다. • 실패를 참기 힘들어 한다. • 지는 것을 싫어한다. • 잘하고 싶은 욕구가 강하다. • 몸으로 활동하는 것을 좋아한다.	• 자녀의 의견을 충분히 반영하고 스스로 계획하게 한다. • 시간표를 타이트(Tight)하기보다는 루즈(Loose)하게 짜게 하고 리더 역할을 준다. • 양보다는 학습내용에 초점을 두게 한다. • 스스로 성취한 일에 충분히 칭찬해준다. • 도전과제를 스스로 찾도록 경험할 수 있는 환경에 노출시킨다. • 활동이나 놀이로 학습할 수 있는 공간을 제공한다.
철두철미 규범형	• 성실하고 자신이 맡은 일에 최선을 다하며 노력형이다. • 일정한 규칙과 원칙이 있는 것을 좋아한다. • 해야 할 일이 정해진 것을 편안해 한다. • 흔히 공부 잘하는 모범생 타입이다. • 즉흥적인 것을 싫어하고 정해진 틀에 맞추어 학습한다. • 신중한 편이다.	• 장기적인 학습계획을 세우도록 장려한다. • 효과적인 공부법을 안내하고 체크한다. • 자녀의 성실함을 격려하고 신중함을 존중한다. • 자녀의 태도를 믿고 기다려준다. • 도움을 청할 때만 도움을 준다. • 자녀의 스케줄에 맞추어 준다.
호기심 많은 지적 탐구형	• 새로운 것에 흥미를 느끼고 지적호기심이 매우 많다. • 한곳에 꽂히면 몰입하는 경향이 있다. • 한번 익히면 기억을 오래 한다. • 박학다식하다. • 대인관계보다는 공부를 좋아한다. • 반복적이고 지루한 것을 싫어한다. • 자료를 정리하는 것을 좋아한다. • 선호 과목과 비선호 과목이 뚜렷하다.	• 선호 과목에 대한 호기심과 비선호 과목의 내용을 융합하는 것에 중점을 두어 치우치지 않게 관리한다. • 지적호기심을 해결할 수 있는 환경을 제공한다. • 도서관, 과학관, 박물관에 노출시킨다. • 근거 없는 칭찬보다 논리적인 근거를 가지고 설득해야 한다. • 자료나 학습정리를 할 수 있는 환경이나 자료를 공급한다. • 조용한 학습 환경을 제공한다.
상상력이 풍부한 창의형	• 감수성이 풍부하고 마음이 따뜻하다. • 마음이 여리고 상처를 잘 받는다. • 주위 환경이나 분위기에 영향을 많이 받는다. • 사랑받고 인정받고 싶은 욕구가 크다. • 소통과 공감을 잘하고 배려심이 많다. • 자신에게 관심을 보이는 사람을 좋아하고 잘 따른다. • 작은 칭찬에도 크게 기뻐한다. • 머리보다는 마음이 동해야 한다.	• 특별한 조건 없이도 칭찬과 격려를 많이 해준다. • 친척이나 주위에 적절한 멘토가 될 만한 사람과 함께하도록 한다. • 담임교사와 관계를 좋게 해 따르게 한다. • 작은 일이라도 성취한 것에 대해 크게 칭찬한다. • 소통과 공감으로 동기유발을 시키고 배려하며 마음이 다치지 않도록 유의한다. • 친구들과 함께 서로 도우며 공부하도록 한다.

02

학업 역량의 기본은 문해력이다

1. 문해력이란 무엇인가?

"선생님, 이 말이 무슨 말인지 모르겠어요."

학생이 들고 온 것은 영어 지문을 해석해놓은 우리말이다. 필자는 고등학교에서 영어를 가르치는 교사다. 이런 예는 부지기수다. 특히 수능특강 지문은 사회과학이나 인문학 등 아카데믹한 지문이 많다. 대부분의 학생들이 영어가 아니라 우리말로 된 해석본을 읽어도 이해할 수 없다며 질문을 한다.

국어도 마찬가지다. 요즘 출제되는 국어 지문은 길이가 장난이 아니다. 집중해서 한참을 읽어야 한다. 모르는 단어도 없는데, 읽어도 무슨 말인지 이해를 못한다. 대충 이해는 가는데 주제나 요지 등 글쓴이의 의도를 파악하는 데 어려움을 겪는다. 심지어 해설집을 봐도 납득이 안 간다고 말한다. 이렇듯 성적을 잘 받고 공부를 꽤 하는데도 불구하고 행간을 읽어내거나 맥락을 이해해 글쓴이의 의도를 정확히 파악하는 것을 어려워하는 학생들이 많다. 바로 문해력(Literacy)이 부족해서다.

문해력(文解力)이란 '글을 읽고 이해하는 능력'을 말한다. 특히 유네스코는 문해력을 2가지로 구분하고 있다. 글을 읽고 쓰는 기초적인 능력을 말하는 '최소 문해력'과 사회적 맥락 안에서 글을 읽고 쓸 수 있는 능력인 '기능적 문해력'(Functional Literacy)이 그것이다. 우리나라는 한글이라는 아주 습득하기 쉬운 위대한 글 덕분에 전 세계에서 문맹률이 가장 낮다. 그러나 다음 기사에서 보듯 글을 읽음에도 무슨 뜻인지 이해하지 못하는 기능적 문해력의 부족으로 많은 학생들이 학업에 어려움을 겪고 있는 것이 현실이다.

다음은 〈지역내일〉 기사다.[8]

공부의 키, 문해력(文解力 – 글을 읽고 이해하는 능력)

들어서 모르든 보아서 모르든 '이해불가理解不可'는 살면서 참으로 불편한 일이 아닐 수 없다. 특히 학생의 경우 글을 읽어도 이해할 수 없다면 공부는 고역을 넘어 불가능한 일로 느껴질 수밖에 없을 것이다. 근래 몇몇 언론이 국제기구의 발표를 빌어 한국 청

8. 이우선, 공부의 키 문해력(文解力 – 글을 읽고 이해하는 능력), 〈지역내일〉, 2020년 3월 5일자 기사.

소년들의 문해력(文解力 – 글을 읽고 이해하는 능력) 수준이 조사국 중 최하위라는 충격적인 보도를 낸 바 있다. 통계를 내는 과정에 문제가 있다는 의견도 있으나 저자가 교육 현장에서 느끼는 바는 보도 내용과 크게 다르지 않다. 문장을 끝까지 읽지 못할 뿐더러 읽어도 내용 파악을 못하는 아이들이 학년을 불문하고 부지기수이기 때문이다. 한글이라는 우수한 문자를 가지고 있으며 문맹률 제로에 가깝다는 우리나라에서 왜 이러한 일이 벌어지는 것일까?

아이들이 학습하는 중요한 내용은 정해져 있다. 특히 초등학교, 중학교는 더 단순하고, 단편적이다. 조금만 노력해도 내용을 금방 기억한다. 부모들이 시험 전 학습내용을 확인할 때 자녀가 다 알고 있는 경우가 많다. 그런데도 학교 성적이 잘 나오지 않는다. 그렇다면 문해력의 부족 때문일 확률이 높다. 여기서 문해력이란 글을 읽고, 쓸 수 있는 기초적인 문해력을 의미하는 것이 아니다. 사회적 맥락 안에서 글을 읽고 쓸 수 있는 능력, 즉 '기능적 문해력(Functional Literacy)'의 부족을 말한다. 과목에 따라 지문 내용을 정확히 이해하지 못하는 경우도 있지만, 똑같은 학습내용의 시험문제라도 맥락(Context) 안에서 질문을 제대로 파악하지 못하는 경우가 많다. 어려운 지문 내용을 이해 못하는 것은 학습의 부족일 수도 있지만, 아는 내용인데도 실수를 하거나 틀린다면 교사의 출제 의도를 제대로 파악하지 못하는 경우다. 기능적인 문해력이 높은 아이들은 지문 내용뿐 아니라 교사의 출제 의도를 정확히 파악한다. 내용을 완벽하게 외우지 않았더라도 출제 의도를 파악하면 정답을 찾기 쉽다.

　문해력을 높이려면 어떻게 해야 할까? 가장 좋은 방법은 독서다. 짧은 시험문제의 지문을 읽는 것이 아니라, ① 온 책 읽기를 해야 한다. 글의 구성과 같은 형식뿐 아니라 전체 맥락을 이해할 수 있기 때문이다. 또한 무조건 빠르게 읽는 데 의의를 두기보다는, ② 정독을 하고, ③ 주제나 요지를 파악해 글쓴이의 의도가 무엇인지, ④ 그 근거가 무엇인지 또는, ⑤ 주인공이 그런 행동을 한 이유가 무엇인지 파악하며 읽는 연습을 해야 한다. 이런 연습은 자녀가 혼자 알아서 하기 어렵다. 부모가 함께 책을 읽고, 주제와 요지, 글쓴이의 의도, 근거와 이유 등을 질문을 하며 글을 읽는 연습을 꾸준히 해서 습관이 되어야 한다. 온 책을 읽는 것을 싫어하거나 부모가 함께해줄 수 없는 경우가 있다. 그럴 때는 신문의 사설을 꼼꼼히 읽는 것도 좋은 방법이다.

　또한, 이 모든 것의 토대가 되는 기초는 바로 ⑥ 한자공부다. 아주 쉬운 우리글 뒤에 숨어 있는 우리말에는 한자가 큰 부분을 차지한다. 학습내용은 개념에서부터 다양한 지식체계에 이르기까지 어려운 한자들이 주를 이룬다. 특히 일상생활 속에서 한자를 접하기 어려운 텍스트 문자, 줄임말 사용이 빈번한 젊은 세대들에게 학문적인 어휘들은 학습에 큰 장애요인이 될 수 있다. 그래서 평소 한자 어휘 익히기를 소홀히 해서는 안 된다.

자녀의 문해력 Up을 위한 Tip.

1. 평소 사용하는 어휘에서 한자말을 찾아 그 뜻을 자연스럽게 익힌다.

2. 자녀와 함께 같은 책을 읽는다.

3. 읽은 책의 주제나 요지 등 글쓴이의 의도에 대해 이야기를 나눈다.

4. 읽은 책의 등장인물이나 세부정보에 대한 구체적인 질문을 한다.

5. 자신이라면 어떻게 했을지 서로 의견을 주고받는다.

6. 책을 읽고 로드맵을 함께 그려본다.

7. 새로 알게 된 점, 배우고 느낀 점을 서로 이야기한다.

2. 미래 사회를 이끌어갈 인재는 누구인가?

"지소미아가 뭐야?"

"네이버에 물어봐."

"그래. 음, 지소미아(GSOMIA)는 한일 군사정보보호협정을 일컫는 말로 박근혜 정부 때인 2016년 11월 23일 체결됐다. 이 협정은 유효 기간 1년의 협정으로, 기한 만료 90일 전인 8월 24일까지 협정 종료 의사를 통보하지 않으면 자동으로 1년이 연장된다. 그러나 정부가 2019년 8월 22일 지소미아를 더 이상 연장하지 않기로 결정함에 따라 2019년 8월 25일부터 자동파기 되게 됐다"라고 쓰여 있네.

부모들이 어렸을 때는 지식이나 정보를 거의 학교 선생님이나 책을 통해 얻을 수 있었다. 학교에서 배우는 대부분의 내용이 학교교육이나 책을 통해 알게 되는 것들이었다. 하지만 지금은 정말 엄청난 양의 지식이 오픈되어 있다. 스마트폰 하나면 세상에 나와 있는 방대한 양의 정보에 누구나 대부분 접근 가능하다.

온라인 강좌를 통해 지식인들만 향유하던 많은 전문적인 지식과 정보도 수집할 수 있다. 무크(K-MOOC)의 다양한 강좌뿐 아니라 미국의 아이비리그(Ivy League) 대학을 비롯한 유수 명문대학의 질 높은 강의를 무료로 수강할 수도 있다. 마음만 먹으면 원하는 정보는 다 얻을 수 있는 시대다. 누구나 '알파고' 같은 AI 로봇을 하나씩 장착하고 다니는 시대에 지식은 더 이상 고위층의 소유물이나 계층 상승의 도구가 아니다. 단순히 지식 암기 능력이 미래를 보장하지 않는다는 뜻이다. 그럼 우리 아이들이 살아갈 시대에서는 어떤 인재가 되어야 할까? 우리가 상상할 수조차 없는 시대를 살아갈 우리 자녀들은 미래를 어떻게 준비해야 할까? 앞으로 우리 사회는 어떻게 변화할 것이며, 그에 따라 우리 교육은 또 어떤 방향으로 나아갈 것인가를 파악하는 것이 자녀교육에 앞서 인지해야 할 과제다.

교육부에서는 2015개정교육과정에서 변화하는 교육과정과 미래 사회를 이끌어갈 인재상을 다음과 같이 제시하고 있다.

학교교육과정의 변화와 미래 인재상

먼저 2015개정교육과정의 변화와 학교 교실 변화를 살펴보자. 교육부는 2015개정교육과정을 통해 다음과 같이 지향하는 인재상을 제시했으며, 학교평가의 패러다임의 변화를 요구하고 있다. 단순한 지식의 암기가 아니라, 실제적인 삶에서 문제해결 역량뿐 아니라 감성과 영성의 통합된 인재, 그리고 창의지성을 가진 인재 양성을 교육의 목표로 삼는다. 창의지성교육의 핵심은 인류의 지적자산 문화예술작품, 경험과 체험, 사회적 실천 등 4개의 지적 텍스트를 자양분으로 해서 비판적 사고력을 키우는 것이다. 즉, 홍익인간과 민주시민 양성이라는 교육의 본질에 초점을 둔다.

참고 : 배움중심 교육연수 경기도 교육청

다음은 변화하는 교육의 패러다임이다. 급변하는 미래 사회를 살아갈 학생들에게 필요한 것은 지식이 아닌, 지식을 검색하고 활용하는 능력이며, 나 혼자가 아닌 모두 '함께'라는 집단 지성이 강조되고 있다.

교육 패러다임의 흐름

- 2015개정교육과정의 인재상 (교육부)

(1) 교육과정 패러다임의 변화

개념과 지식 이해	▶	문제해결 협업 능력
지식 중심 교육과정		역량 중심 교육과정

(2) 미래 인재상 : 창의융합형 인재

인문학적 상상력과 과학기술 창조력을 갖추고 바른 인성을 겸비해 새로운 지식을 창조하고 다양한 지식을 융합해 새로운 가치를 창출할 수 있는 사람

미래 인재상에는 요즘 간과하고 있는 인문학적 상상력에 대한 가치, 바른 인성에 대한 가치, 융합의 가치들이 포함되어 있다. 다양한 관점에서 사물을 보는 능력, 인간에 대한 공감적 이해력, 인간·사물·자연에 대한 심미적이고 감성적인 능력 등과 같은 인문학적 가치는 기존 학교교육과정에서 상대적으로 중요한 자리를 차지하지 못했다. 그러나 인문학적 상상력과 과학기술의 융합은 우리 삶을 예측하기 어려운 방식으로 변화시키고 있다. 많은 사람들이 미래 사회에는 어느 한 분야에 갇힌 지식 또는 능력만으로는 성공적인 삶을 살아가기 어려울 것이라고 이야기한다. 교육은 앞으로 다가올 사회의 변화를 예측해 모든 학생들이 변화에 능동적으로 대처하고, 인간다운 삶을 영위할 수 있도록 필요한 능력을 길러주어야 할 사회적 책임을 갖는다. 이번 개정 교육과정이 그동안 우리 학교교육에서 크게 주목받지 못했던 가치들에 특히 주목하게 된 이유라고 할 것이다.

교육과정에 녹아든 핵심 역량

2015개정교육과정은 창의융합형 인재 양성이라는 큰 틀 속에서 학생들이 미래 사회를 성공적으로 살아가는 데 필요한 핵심적인 능력을 갖출 것을 요구하고 있다. 그 핵심 역량은 다음과 같다.

자기관리 역량	자아정체성과 자신감을 가지고 삶과 진로에 필요한 기초적인 능력과 자질을 갖추어 자기주도적으로 살아갈 수 있는 역량
지식정보 처리 역량	문제를 합리적으로 해결하기 위해 다양한 영역의 지식과 정보를 처리하고 활용할 수 있는 역량
창의적 사고 역량	폭넓은 기초지식을 바탕으로 다양한 전문 분야의 지식, 기술, 경험을 융합적으로 활용해 새로운 것을 창출할 수 있는 역량
심미적 감성 역량	인간에 대한 공감적 이해와 문화적 감수성을 바탕으로 삶의 의미와 가치를 발견하고 향유하는 역량
의사소통 역량	다양한 상황에서 자신의 생각과 감정을 효과적으로 표현하고 다른 사람의 의견을 경청하고 존중하는 역량
공동체 역량	지역·국가·세계 공동체의 구성원에게 요구되는 가치와 태도를 가지고 공동체 발전에 적극적으로 참여하는 역량

평가의 패러다임의 변화

① 평가관의 변화
- 결과 중시 → 학생의 배움, 성장과 학습과정 중시
- 학습에 대한 평가 → 학습을 위한, 학습으로서의 평가

② 평가방법의 변화
- 지필평가 중심 → 수행 평가, 서술형 논술형 평가 등 다양한 방법 적용
- 구조화된 문항 형식 위주 → 구조화, 비구조화된 방식 혼용
- 정기 평가 → 수시 평가
- 교사가 주로 평가 → 교사, 학습자, 동료 등 평가 주체의 다양화

③ 평가 내용의 변화
- 단편적인 지식 암기 위주 → 종합적 사고력과 문제해결력, 창의력
- 인지적 성취 영역 위주 → 핵심 역량에 대한 평가 & 인지적·정의적 특성 영역

④ 평가 결과 보고 및 활용의 변화
- 성적으로 줄 세우기 → 수업과 학생 성장의 피드백으로 활용
- 개인적 성취도 중심 → 학생의 참여와 공동체의 협업이 중요

이러한 교육과 패러다임의 변화는 학교뿐만 아니라 우리나라 교육의 체계를 완전히 바꾸어 놓을 것으로 보인다. 수업뿐 아니라 평가에서도 큰 변화의 바람이 불고 있다. 교육부와 교육과정평가원에서는 다양한 평가의 방법을 활용해 학생들의 배움과 성장과정에 초점을 맞추라고 교사들에게 요구하고 있다. 즉, 단순히 앉아서 단편지식을 열심히 암기한다고 더 이상 성적을 잘 받을 수 있는 것이 아니라는 것을 시사한다. 그러면 우리 자녀들은 앞으로 어떻게 공부해야 미래의 인재로 성장할 수 있을까? 학교수업에 적극적으로 참여하고 지적호

기심을 지녀야 하며, 자신이 배운 내용을 스스로 내면화하고 객관화하면서 실제 생활에 적용할 수 있어야 한다. 그리고 친구들과 소통하고 협업하면서 현실에 닥치는 어려움을 극복해내고 다양한 정보를 활용해 융합하고 새로운 것을 만들어내는 역량을 키워야 한다. 이러한 역량은 특별한 재능이 아니다. 가정에서 부모들이 충분히 기를 수 있다. 지금은 과도기라 부모들이 많이 혼란스러울 것이다. 앞으로 이런 학생이 미래의 인재로 평가받는다는 것은 분명하다. 학업 역량을 기르기 위해 다음과 같은 태도와 습관이 필요하다.

학업 역량을 기르는 가장 중요한 핵심

- 사회 정서적 문해력 기르기(자신의 정서에 대해 긍정적인 태도와 표현능력, 타인의 정서에 대한 공감능력)
- 올바른 생활태도 습관 기르기(규칙적인 식생활과 적절한 수면 및 독서)
- 자기관리능력 기르기(정서 관리, 시간 관리, 스트레스 관리)
- 자기주도학습 습관 기르기(스스로 계획 및 실행하고 점검하기)

앞에서 제시한 미래 인재상과 학업 역량을 기르기 위해 부모들이 실천할 수 있는 것들을 안내할 것이다. 구체적인 상황에서의 구체적인 예를 통해 자녀교육에 도움을 드리고자 한다.

3. 내신 성적을 초월한 학업 역량 기르기 솔루션

학기 초에 교육과정 설명회와 함께 학부모 상담을 한다. 부모들은 담임과의 상담을 더 고대하는 것 같다. 학교의 교육과정(Curriculum)을 구체적으로 알고 싶어서라기보다는 담임과의 상담 시간을 위해 설명회에 참석한다. 상담을 온 학부모는 몇 가지 유형으로 나뉜다. 그중 한 부류가 자녀의 성적은 학원에 달렸다고 생각하는 분들이다.

"우리 애는 학원을 안 가려고 해서 안 보냈더니 성적이 너무 안 나와요."

"혼자 공부한다고 놔뒀더니 결국 이렇게 사달이 났네요. 학원을 다시 보내야겠어요."

"학원을 보내는데 성적이 왜 안 오르는지 모르겠어요. 다른 학원으로 바꾸어야 할까요?"

그리고 시험 기간이 되면 대부분 학생들이 방과 후 활동이나 학교 활동을 빼먹고 학원에 간다.

학원을 제대로 활용하자

부모들은 학원에만 보내면 성적이 잘 나올 것이라 믿는 것 같다. 하지만 학원은 그런 마술을 부리는 곳이 아니다. 학원을 다니는 것만으로는 성적이 오르지는 않는다. 그렇다고 학원이 필요 없다고 말하는 것은 아니다. 학원을 적절히 활용해야 한다. 어떻게 활용해야 할까? 학원은 비계(Scaffolding) 역할을 하는 곳이어야 한다.

학원의 활동은 배움이 느린 아이들이 그 속도에 맞추어 잘 이해할 수 있도록 징검다리 stepping-stone를 놓아주는 과정이 되어야 한다. 배움이 빠른 아이들에게는 멘토의 역할과 함께 적절한 코칭을 통해 심화학습에 도전할 수 있도록 비계를 대주는 곳이어야 한다. 따라서 부모는 학원을 보낼 때 그 성격이나 목적을 확실히 해야 한다. 그리고 학원 선생님에게 학원 수강의 목적을 명확히 제시해야 한다. 그래야 학원은 그 목적에 맞게 학원 과정을 설계하고 진행한다.

단순히 성적을 잘 받기 위해서 학원을 보내는 것은 추천하지 않는다. 학교 선생님이 어떤 문제를 어떤 방법으로 출제할지 학원 선생님은 정확히 알지 못한다. 보통 아이들은 시험 기간에 시험을 잘 치기 위해 학원에 간다. 학원 선생님은 학교에서 배운 내용 중 시험에 나올 만한 것들을 일목요연하게 정리해준다. 그리고 예상문제를 정리해준다. 학생들은 학원에서 제시하는 문제를 열심히 푼다. 이렇게 학원을 다니면 공부하기가 쉬운 것은 맞다. 학생들이 해야 할 수고로움을 대신 해주기 때문이다. 어느 정도 효과가 있는 것도 사실이다. 딱 중학교까지 그렇다. 하지만 장기적으로 보면 과연 그럴까? 아이 스스로 요약하고 정리할 수 있는 역량을 빼앗기는 것은 아닐까?

흔히 학원을 내비게이션에 비유하는 사람들이 있다. 특히 학원에서 그렇다. 자녀가 목적지에 쉽게 도달하도록 길을 잘 안내해준다고 한다. 맞는 말이다. 시험 점수를 쉽게 올릴 수 있는 방법이기도 하다. 단순하고 단편적인 지식을 다루는 초등학교나 중학교의 시험에서는 특히 효과가 있다. 하지만 방대하고 깊이 있는 지식을 다루는 고등학교에서는 말이 달라진다. 오히려 자기주도학습능력을 빼앗긴다. 학원에 의존도가 높은 학생은 시험 기간에 특히 학원에 매달린다. 학원에서 요약, 정리를 해주지 않으면 혼자서는 공부를 못 해낸다. 결국 고등학교 교육과정을 스스로 공부해내는 능력을 모조리 잃어버리게 된다.

필자는 이렇게 비유하고 싶다. 예전에는 내비게이션 없이 지방에서 서울까지 운전하는 데 무리가 없었다. 미리 지도를 보고 길을 익혀 이정표를 보며 찾아갔다. 그렇게 한번 다녀온 길은 뇌리에 그림으로 그려진다. 그다음부터는 특별한 준비 없이 떠나도 같은 목적지에 무리 없이 도착할 수 있었다. 요즘은 내비게이션 덕에 언제 어느 곳이나 아무런 걱정 없이 출발을 한다. 그리고 쉽게 목적지에 도착한다. 하지만 한번 다녀온 길을 내비게이션 없이 다시 찾아갈 수 있을까? 내비게이션이 고장이 났거나 없을 경우에는 몇 번이나 갔던 길도 제대로 찾아가기 어렵다. 쉽게 얻은 것은 쉽게 잃는다.

스마트폰이 없던 시절을 생각해보자. 적게는 가족, 많게는 친구나 직장 등 몇 십 명의 전화번호를 다 외웠다. 스마트폰이 대신 번호를 저장해주는 덕분에 필자는 겨우 가족 몇 명의 번호만 기억할 뿐이다. 우리의 뇌는 자신이 유리한 쪽으로 매우 빨리 진화하는 것 같다. 기억할 필요 없는 숫자들을 더 이상 기억하지 않으려 한다.

시험을 잘 치르려면 우선 학원 선생님 수업을 듣기보다는 학교 선생님 수업에 더 참여해야 한다. 학교 선생님이 학생의 수행과정과 성장을 평가하고, 지필시험을 출제하기 때문이다. 학원의 문제와 똑같은 문제가 출제된다면 좋은 성적을 받겠지만, 그럴 일은 거의 없다. 성취도가 낮은 학생들이 학원을 열심히 다녀도 성적이 안 나오는 이유다. 원리나 개념을 스스로 공부해 이해하지 않고, 학원 문제만 푼 학생들은 조금만 출제 방향이나 어휘가 달라져도 문제를 해결하지 못한다.

학원이나 몇몇 학부모는 단시간에 성적을 올려 성과를 내는 데 급급하다. 그 마음은 충분히 이해하지만, 학습내용을 똑같이 반복해서 성적이 오른다면 굳이 학원에 가지 않아도 성적을 올릴 수 있다. 학교에서도 모든 학생들을 대상으로 똑같이 공평하게 수업을 하고 있기 때문이다. 자녀와 함께하는 절대적인 시간이 부족하다 보니 자녀를 위해서라기보다 부모 자신의 불안함을 해소하는 대가로 자녀를 학원에 보내고 있지는 않은지 생각해볼 일이다.

학원을 제대로 활용하는 Tip.

1. 기초학력이 부족할 때 기초학력을 탄탄하게 다지기
2. 학교 수업시간에 이해가 안 되는 것을 모아 질문하기
3. 공부한 것을 스스로 정리하고 요약하도록 돕기
4. 스스로 정리 요약한 것을 친구들 앞에서 발표해보고 서로 토의하기
5. 학교 수업시간에 학습한 것들 중 더 알고 싶고 궁금한 것 찾아보고 심화하기
6. 신문이나 책을 읽고 토론하며 문해력을 기르고 세상의 안목을 넓히기

점수를 올리기보다는 실력을 쌓는 데 중점을 두자

똑같은 교실에서 같은 선생님이 같은 내용을 수업하지만, 학생마다 받아들이는 것이 다르다. 학습(學習)이란 배우고(學) 익히는(習) 것이다. 사람마다 배움의 속도가 다르기도 하지만, 대부분 학생들은 학습에서 학(學)만 한다. 학교에서 배우고, 방과 후에 배우며, 학원이나 과

외를 하며 배우고 또 배운다. 늘 배우기만 하고, 진정한 내 것으로 내면화하는 습(習)을 하지 않는 것이다. 스스로 익히는 동안 지식은 내면화되는데, 이런 과정이 바로 '자기주도학습(Self-directed learning)'이다.

자기주도학습이란 혼자서 모든 것을 배우고, 익히는 것을 말하는 것은 아니다. 학교에서 배운 것을 스스로 익혀 내면화하는 과정이다.

자기주도학습(Self-Directed Learning)이란?

학습자가 주체가 되어 학습과정을 스스로 이끌어 나가는 학습활동을 의미한다. 즉, 학습자 스스로 주도권을 가지고 학습목표를 설정하고, 학습전략을 사용하며, 학습 결과를 스스로 평가하는 일련의 과정이다. 자기주도학습은 고립적인 상태에서 이루어지는 개인적인 학습이 아니라, 교사, 학부모, 동료 등 다양한 형태의 조력자와 협력하면서 이루어지는 보다 높은 차원의 학습 방법을 의미한다.

자기주도학습 과정에서는 다음의 3가지가 유기적으로 맞물려야 한다.

① 동기조절력(학습의욕) : 왜 공부를 해야 하는가? 그 필요성과 동기를 명확히 해야 한다. 동기와 필요성은 학습을 이끌어가는 원동력이다. 동기가 명확하지 않으면 잠시 학습을 할 수는 있지만, 지속적인 학습은 무리가 있다.

② 행동조절력(학습실천) : 능동적인 학습 실천이다. 적절한 공부환경 조성과 함께 학습플래너 등을 활용해 구체적인 실천 전략을 마련해야 한다.

③ 인지조절력 : 자신의 특성을 파악해 가장 효과적인 학습전략을 익혀야 한다. 무작정 따라 하기보다는 다른 사람들의 전략을 참고삼고 몸에 맞는 자신만의 공부법을 찾아야 한다.

자기주도학습자를 만들기 위해 부모는 자녀가 다음의 6가지를 잘할 수 있도록 돕는 것이 중요하다.

1 자신의 꿈과 목표 설정하기
2 나는 누구인가에 대해 진지하게 고민하기
3 기본적인 학습방법 익히기
4 학교생활에 최선을 다하기
5 경험의 토양 쌓기
6 다양한 독서와 체험을 하기

아이들이 언제 잘 배울까? 미국의 저명한 교육학자 존 홀트는 《존 홀트의 학교를 넘어서》에서 다음과 같이 말한다.[9]

· ·

나는 '교육(Education)'에 반대하며 '하기(Doing)'를 지지하는 입장에서 이 책을 썼다. 여기서 내가 말하는 교육이란 능동적인 삶과는 거리가 먼, 유혹과 위협에 넘어가거나 욕망과 두려움에 짓눌려 억지로 받게 되는 '배움(Learning)'을 뜻한다. 이와는 반대로 '하기'란 스스로 방향을 정하며 목적 있고 의미 있게 살고 일하는 것을 뜻한다.
'하기'라는 말은 여기서 머리 쓰는 일만을 뜻하거나, 몸이나 근육, 양손과 도구를 써서 행하는 일만 뜻하지 않는다. 나는 사람들이 '육체적'이라고 부르는 것과 '지적'

9 존 홀트 지음, 공양희 옮김, 《존 홀트의 학교를 넘어서》, 아침이슬, 17p, 21p 참조, 인용.

이라 부르는 것을 분리하거나 상반되는 의미로 쓰지 않는다. 오직 그런 말로 구별할 때만 몸과 머리는 분리된다. 실제로 그 둘은 하나다. 둘은 같이 움직인다. 그러므로 당연히 '하기'라는 말 속에는 말하기, 듣기, 쓰기, 읽기, 생각하기, 나아가서 꿈꾸기와 같은 활동들이 모두 포함된다.

또한 그는 《아이들은 어떻게 배우는가》에서 배움이 일어나는 상황을 다음과 같이 제시하고 있다.

> ① 자신의 실제적인 삶과 연결될 때
> ② 흥미와 호기심이 있을 때
> ③ 학습에 대한 주도권을 가질 때
> ④ 스스로 정말 알아야 한다고 느낄 때
> ⑤ 스스로 또래를 가르칠 때

존 홀트에 따르면 아이들은 지금 당장 필요하다고 느낄 때 호기심을 갖게 되고, '배움'이 일어난다. 먼 미래의 일, 나의 삶과 전혀 관계될 것 같지 않은 지식이나 이론은 막막하고 공부하기 싫다. 다음은 권력을 잡고 있는 어른들을 기쁘게 하거나 기대에 부응하고자 공부하는 것이 아니라, 호기심으로 흥미가 유발되면 자연스럽게 배우고자 하는 지적 탐구심이 생긴다. 지적 호기심이 생기면 아무리 어려운 학습이라도 도전을 하게 된다. 또한, 아이들은 독자적으로, 자기만의 방식으로 배우는 것을 좋아한다. 제시되는 과제만 수동적으로 해결하는 과정에서는 학습의 주체성을 가질 수 없다. 아이들은 스스로 어떤 것을 알고 싶을 때 자발적으로 노력하게 되고, 그러한 가운데서 배움이 일어난다. 자발적인 의지에 따라 스스로 선택하고 결정했을 때, 자기만의 방식으로 주체성을 가지고 배움을 이끌어갈 때 '진정한 학습'이 일어난다는 것이다.

타인을 가르치는 것은 무엇보다도 좋은 학습방법이다. 자신이 배운 것을 조정하고 체계적으로 내면화시키면서 객관화된 지식을 습득하게 된다. 배운 내용 또는 자신이 해결한 문제에 대한 답이나 해결과정을 짝이나 모둠원끼리 서로 설명하는 과정을 통해 스스로의 오류를 발견하기도 한다. 이러한 일련의 과정을 통해 학습의 효과가 더욱 커진다. 학습 피라미드를 살펴보면 타인을 가르칠 때 얼마나 큰 학습 효과가 있는지 알 수 있다.

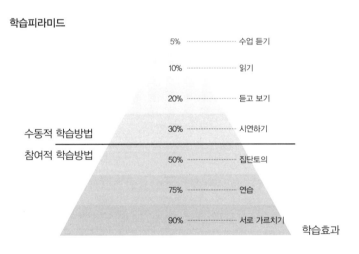

학습피라미드

5%	수업 듣기
10%	읽기
20%	듣고 보기
30%	시연하기
50%	집단토의
75%	연습
90%	서로 가르치기

수동적 학습방법
참여적 학습방법

학습효과

출처 : NTL(National Training Laboratories)

부모가 자녀의 학업에 지나치게 간섭하고, 재촉하며, 스스로 할 기회를 뺏고 있는 것은 아닐까? 부모의 역할이 어디까지여야 할지 고민이 되는 것은 사실이다. 앞에서 살펴본 것처럼 인간의 학습에 대한 기본 본성을 알고, 자녀에게 이러한 환경을 제공하는 것이 부모들의 역할이 아닐까 한다. 부모들은 자녀들이 필요로 하고, 또 요구하는 만큼 안내하고 도움을 제공하면 충분하다.

"사람은 본래 배우는 동물이다. 새는 날고, 물고기는 헤엄치고, 사람은 생각하고 배운다. 그러니 아이들을 감언이설로 구워삶거나 꼬드기거나 을러대는 방식으로 뭔가를 배우라고 '동기부여'를 할 필요가 없다. 아이들이 배우고 있다는 사실을 확인하기 위해 끊임없이 아이들의 머리에 구멍을 뚫을 필요도 없다. 우리가 해야 할 일이 있다면, 학교와 교실에 가능한 한 많은 세상을 들여오는 것이다. 아이들이 필요로 하고, 또 요구하는 만큼 안내하고 도움을 제공하는 것이다. 아이들이 말을 하고 싶어 하면 존중하는 마음으로 귀 기울여라. 그다음에는 자진해서 비켜 주어라. 나머지는 아이들이 알아서 할 것이니 믿어도 좋다."

존 홀트

초등학교에서 배우는 내용은 기초적인 것으로, 우리의 삶이나 생활과 밀접한 관련이 있는 것들이 많다. 그래서 처음에는 자녀들이 배운 내용을 집에서 이야기하기도 하고, 세상의 모든 것에 호기심과 흥미를 가진다. 하지만 학년이 올라갈수록 생활과 밀접도가 떨어지고, 먼 미래의 일이거나 손에 잡히지 않는 이론이나 막연한 지식들이라 어렵다. 도대체 왜 배워야 되는지 모르겠고 공부하기 싫어진다. 자연히 호기심과 흥미가 떨어지게 되고 성적이 떨어진다. 그럴 때 대부

분의 부모들은 억지로 윽박지르며 학습을 강요한다. 지금 당장 공부를 하지 않으면 다른 아이들보다 뒤처지게 될 것 같아 불안하고 조바심이 난다. 그런 불안과 조바심은 자녀들에게 여러 가지 사인으로 전해진다. 그런 신호를 받으면 자녀들은 기분이 상하고 마음을 닫는다. 결국 학업에서 더 멀어진다. 학업과 멀어지고 호기심과 흥미가 떨어질 때 부모의 역할이 더 중요하다. 앞으로 자녀들이 호기심과 흥미를 잃지 않도록 어떻게 지원할지 알아보자.

03

세 살 버릇 고등학교까지 간다

1. 습관과 집중력 기르기

한때 아주 인기 있는 드라마가 있었다. 평소 TV를 즐겨 보지 않았지만, 주위 사람들이 재미있다고 추천하기에 날을 잡고 본적이 있다. 근데 웬걸. 하나도 재미 없었다. 그러던 중 설 명절이 되었고, 우연히 다른 드라마를 보게 되었다. 가족들이 계속 연속해서 보는 바람에 안 볼 수가 없었다. 몇 회를 연속해서 보다 보니 그 재 미에 쏙 빠지고 말았다. 연휴가 끝나고 집에 돌아와서는 그 스토리가 궁금해 본방 을 사수하는 아줌마가 되어 있었다.

몇 년 전 모임에서 친구들로부터 '애니팡'이라는 게임을 처음으로 알게 되었 다. 게임이라고는 테트리스도 해본 적이 없던 필자에게 '애니팡'은 너무 어려웠다. 너무 못한다고 눈치를 준 친구가 얄미워 오기로 연습을 했다. 틈만 나면 했다. 처음에는 50점도 안 되었는데 점점 점수가 높아졌다. 어느 순간 20만 점, 50만 점이 되었다. 시간만 나면 '애니팡'을 터트렸다. 그러자 잠자리에서 '애니들'이 어른거렸고, 이불 속에서 '팡팡' 터지는 것이었다. 그러다가 어느 날부터인가 너무 바빠서 애니팡을 할 시간이 없었다. 처음에는 너무 하고 싶어서 힘들었지만 몇 번 참다 보니 어느새 잊혀졌고, 이제는 그런 적이 있었는지조차 까맣게 잊고 산다.

가만히 생각해보니 고등학교 다닐 때 수학을 좋아했다. 재미있으니 열심히 했고, 열심히 하다 보니 점수가 잘 나왔다. 그러다 보니 자신감이 생기고, 자신감이 있으니 더 잘하게 되었다. 영어는 못했다. 그래서 하기 싫었고, 안 하니 점수가 안 나왔다. 그러다 보니 자신이 없었고, 더 하기 싫었다.

지금 필자는 영어 교사다. 대학에 들어가서 열심히 공부했고, 공부하다 보니 재미있었다. 지금 수학을 보면 미분, 적분도 구별이 안 된다. 무한급수, 삼각함수의 기본 공식도 기억에 없다.

아무리 어려운 것도 재미가 있으면 계속하게 되고, 계속하다 보면 재미가 있다. 재미가 있으면 집중하게 되고 더 열심히 한다. 집중해서 열심히 하다 보면 익숙해진다. 어려운 것도 익숙해지면 어렵지 않다. 익숙해지는 것이 습관이다. 쉽게 공부를 습관화시키는 사람은 그리 많지 않다. 작은 것이라도 습관을 형성하는 데는 족히 66일이 걸린다는 연구가 있다. 적어도 두 달 이상 지속되어야 몸에 배고 습관이 되어야 공부가 시작된다.

습관이 되었다고 금방 성적이 나오는 것도 아니다. 수개월에 걸쳐 기초학력을 쌓아야 한다. 큰 건물을 짓기 위해서는 튼튼한 기초를 닦는 시간이 필요하듯 자녀의 기초학력을 쌓는 데 조바심을 갖지 말아야 한다. 자녀의 특성에 따라 수개월 또는 수년이 걸리기도 한다. 차곡차곡 다진 실력이 아니면 큰 의미가 없다. 단숨에 고속의 성적향상을 바라는 것은 일확천금을 노리는 것과 다르지 않다. 초등·중학교에서는 이러한 기초를 쌓는 데 공을 들여야 한다. 성취도가 높은 학생들은 기초를 튼튼히 하는 데 오랜 시간을 보낸 학생들이다. 기다림과 격려만이 부모가 할 일이다. 은근하고, 지속적인 부모의 응원은 자녀의 올바른 습관 형성에 긍정적인 영향을 끼친다.

학습은 독서가 기본이다. 책을 읽으면 공부 습관과 집중력이 좋아지고, 지적 탐구심도 생긴다. 세상의 모든 지식은 책으로 보급되고 전해진다. 그 많은 책을 다 읽을 수는 없으니 핵심이나 중요한 부분만 교과서로 엮어 학생들에게 가르친다. 교과서에 나오는 내용은 다양한 책에 이미 나오는 내용이라는 것이다. 따라서 책을 꾸준히 읽으면 학습이 저절로 되는 경우가 대부분이다. 온 책을 읽는 것이 무엇보다 집중력을 기르는 데 그만이다. 책 1권을 다 읽으려면 적어도 몇 시간은 걸리기 때문이다. 재미있는 책 속에 흠뻑 빠지면 몇 시간은 훌쩍 간다. 그 재미에 맛들이면 집중력은 절로 길러진다.

집중력을 기르는 또 다른 방법은 바둑이나 어려운 퍼즐 맞추기를 취미로 갖는 것이다. 바둑은 게임이 끝날 때까지 집중해야 한다. 아주 어려운 퍼즐도 마찬가지다. 1,000피스 이상의 퍼즐을 완성하려면 몇 날 며칠이 걸리기도 한다. 완성 후의 성취감 또한 크다. 무조건 교과서 공부만이 능사는 아니다. 이러한 취미나 여가생활도 습관이나 집중력을 기르는 데 도움이 된다.

습관과 집중력을 기르기 위한 부모의 행동 Tip.

1. 자녀가 집중하고 있거나 좋은 습관이라고 생각되는 것에 포커스(Focus)를 맞추어 칭찬하기

2. 온 책 읽게 하기

3. 자녀가 읽는 책은 반드시 부모도 함께 읽기

4. 자녀가 책을 한 권 다 읽을 때까지, 또는 블록이나 퍼즐을 완성하기까지 방해하지 않기

5. 책을 읽은 후 반드시 책 내용에 대해 질문하기

6. 바둑이나 퍼즐 함께하기

7. 일을 시작하면 끝을 맺는 모습 보여주기

8. 좋은 습관이 길러졌을 때의 좋은 점 이야기 나누기

2. 탐구심에 재미 더하기

"엄마, 저건 뭐야?"

"응, 바람 풍선이야."

며칠 전 개업한 전자제품 가게 앞에서 홍보판촉용으로 움직이는 원통 간판이 보인다. 흔히 '스카이 댄서'라고 불리는 것으로 공기의 흐름으로 만들어지는 현란한 춤사위가 지나가는 행인의 눈길을 끈다.

"바람 풍선이 뭐야?"

"바람에 흔들리는 큰 풍선이야."

"왜 춤을 춰?"

"바람에 흔들려서 춤을 추게 되나 보네."

"왜 저기서 춤추는 거야?"

"응. 저 가게에서 가게를 홍보하려나 봐."

"홍보가 뭐야?"

"가게를 열었다는 것을 널리 알리고 싶은 거지."

"왜?"

"물건을 많이 팔려고."

"왜?"

정말 끝없이 질문이 이어진다.

어린아이들은 호기심이 많다. 세상에 태어나 처음 만나는 모든 것이 모르는 것투성이고 신기한 것들뿐이다. 직면하게 되는 모든 것을 알고 싶어 묻고, 또 묻는다. 초등학교 교실에서도 마찬가지다. 선생님이 질문하기가 무섭게 "저요. 저요" 소리에 교실이 떠나갈 지경이다. 그런데 중학생만 되어도 변한다. 아무것도 알고 싶어 하지 않는 것처럼 묵묵부답이다. 왜 그럴까? 재미가 없기 때문이다.

새로운 무엇인가를 알아가는 과정이 재미있어야 한다. 사람은 오감五感을 통해 재미를 느낀다. 초등학교까지의 교육과정은 대체로 자신들이 살아가는 삶 속에서 오감으로 받아들이는 것들이다. 직접 생활하면서 보고, 듣고, 느끼는 것과 관련되기 때문에 재미있고, 신기하고, 새롭다. 그래서 자꾸 더 호기심이 생긴다. 하지만 중등교육과정은 감각적인 것보다는 인지적認知的인 것, 즉 지식知識이 대부분이다. 보이지 않고, 만질 수 없고, 느낄 수도 없는 것들을 머리로만 정리해야 한다. 이런 지식들은 아이들에게는 의미도 없고 머리로 그려지지 않는다. 그래서 재미가 없다. 그럼 학업성취도가 높은 아이들은 왜 그럴까?

　재미가 있으면 더 열심히 하게 되고, 열심히 하니까 더 잘하게 된다고 했다. 성취도가 높은 아이들은 꾸준히 집중해 성취감을 맛보고, 자신감을 가진 아이들이다. 꾸준히 하는 것은 머리에 차곡차곡 쌓이고, 쌓인 내용은 퍼즐처럼 앞과 뒤, 위아래가 서로 연결되어 그림이 그려진다. 처음에는 희미하고 아득하지만, 천천히 한 조각 한 조각 끼우다 보면 어느새 크고 선명한 그림이 완성되는 것과 같다. 선명한 그림이 머리에 그려지면 성취감이 생긴다. 성취감을 맛보면 더 재미가 있고, 배움이 즐거우며, 행복하다. 이것이 높은 성취도를 꾸준히 유지하는 이유다. 성취감이 주는 쾌감을 맛보면 어렵고 힘든 일이라도 하게 된다. 자녀가 성취감을 느끼도록 해야 한다. 그리고 무엇인가를 알아가고 배우는 것이 즐겁고, 행복하다고 느끼게 해야 한다. 높은 성적이나 좋은 결과를 낳았을 때 물질적인 보상을 주는 것을 말하는 것이 아니다. 노력한 과정을 칭찬해주고 그 결과를 인정해주며, 기쁨을 충분히 표현하면 된다. 부모가 인정해주는 것보다 더 좋은 보상은 없다.

자녀가 배우고 알아가는 것에 재미나 흥미를 잃지 않게 하는 Tip.

1. 자녀가 성취할 수 있는 수준의 과제를 제공해 성취감을 맛보게 하기

2. 결과도 중요하지만 노력하는 과정을 충분히 칭찬해주기

3. 작은 것에도 결과에 충분히 기쁨을 표현하기

4. 실패에 대해 실망하거나 낙담하기보다는 그 마음을 읽어주고 격려하기

5. 자녀와 함께 배우고 함께 성장하는 것을 즐기기

6. 자녀가 어려운 일을 도전할 때 적절한 비계(Scaffolding) 놓아주기

04

과목별 학습 꿀팁

1. 초등학생은 체험과 놀이로 학업의 흥미를 높여라

라디오에서 익숙한 이름이 나온다. 조은숙, 친구의 이름과 똑같다. 초등학생인 두 딸과 함께 자신의 아파트 단지 안의 나무에 이름표를 달아준 이야기다. 동명이인이겠거니 했다. 그래도 친구가 생각나 오랜만에 전화를 했다. 이런저런 이야기를 하다가 라디오 이야기를 했다.

"나 맞아. 딸 둘이랑 재미로 이름표를 달아주었는데 소문이 나서 방송까지 탔네."

친구의 딸들은 그 뒤 다른 숲에도 이름표를 달아주었다고 한다. 딸들은 나무와 식물을 보면 척척 알아맞힌다고 했다. 그 뒤 나무와 식물들을 통해 프렉탈 fractal의 기하학에 흥미를 가지게 되었으며, 자연히 수학공부를 좋아하게 되었다고 한다.

초등학생은 특성상 주의집중력에 한계가 있다. 특별히 눈에 띄거나 흥미를 일으키는 것이나 제한된 부분에만 주의를 집중한다. 시간적, 공간적으로 자기중심성이 강하기 때문에 종합적으로 사고하는 것도 약하다. 따라서 특별한 경우를 제외하고는 인지적인 학습이 그리 효과적이지 않다. 하지만 신체적으로 급속도로 성장하는 시기다. 몸으로 느끼고, 오감으로 습득하는 것이 매우 효과적이다. 또한 체험과 놀이로 습득하는 것은 쉽게 잊히지 않는다. 각인되고 몸에 습관이 밴다. 오감을 통해 익힌 것이 오래 기억에 남는 이유다. 그래서 초등학교 때는 독서를 제외하고는 야외로 나가 무엇이든 눈으로 보고, 귀로 듣고, 몸으로 체험하는 것이 좋다.

산에 가서 나무나 식물을 직접 보며 이야기를 나누는 것은 어떨까? 바다에 가서 조개나 여러 종류의 어류를 보고, 만지며 느끼게 하는 것은 어떨까? 저 멀리 보이는 돌고래를 보며, 바다에 사는 가장 큰 동물이 왜 인간과 같은 포유류이고, 왜 소나 돼지와 가장 가까운 동물인지 이야기해보는 것은 어떨까? 그리고 밀물과 썰물을 직접 경험해보며, 달과 어떤 관계가 있는지 알아보는 것은 어떨까? 불국사 같은 유서 깊은 사찰이나 소수서원 같은 유적지에서 선현들을 만나면 아이들의 호기심과 흥미를 충분히 자극할 수 있다. 이 모든 체험이나 대화내용은 중학교, 고등학교의 학습내용과 크게 다르지 않다. 그리고 학교수업이 그 모든 체험을 통해 희미하게 그려진 큰 그림을 완성하는 퍼즐 한 조각이 된다는 것은 의심할 여지가 없다.

체험학습을 하는 이유

1. 직접 경험한 것이 수업내용과 연결되어 이해를 잘하게 되고 학습에 흥미를 가지게 된다.
2. 역사, 정치, 직업, 여행 등의 체험이 학습내용에 도움이 될 뿐 아니라, 자신의 생활 속에 응용하는 능력을 성장시킨다.
3. 체험하면서 궁금한 것을 스스로 체험지에서 찾아보고, 질문하고, 책에서 찾아보는 등 지적 탐구심을 기를 수 있다.
4. 체험학습을 하면서 사회의 현상을 전체적으로 아우르는 안목을 기르게 된다.
5. 다양한 배경지식이 쌓여 문해력이 좋아지는 것은 물론, 조리 있게 발표를 잘하게 된다.
6. 공부와 글쓰기에 대한 기초 실력을 쌓을 수 있다. 글을 쓸 때도 직접 체험했기 때문에 구체적으로 있었던 일과 자신이 배웠던 점, 또 더 궁금한 점 등으로 나눠서 쓸 수 있으며, 특히, 구체적인 체험지 묘사와 생생한 경험의 정황 등으로 수준 높은 글을 완성할 수 있다.

초등학교 자녀들의 학업 흥미를 자극하는 노하우 Tip.

1. 가까운 교외로 나가서 몸으로 직접 체험할 수 있도록 하기
2. 한 달에 한 번 정도는 장거리 체험을 계획하기
3. 식물원, 과학관, 문학관, 박물관 등 되도록 다양한 체험과 놀이를 계획하기
4. 부모 중심의 놀이가 아니라 아이의 눈높이에서 체험지를 선정하기
5. 체험 후 사진이나 보고서 등 결과 남기기(자녀와 함께 만들기)
6. 체험한 것을 통해 무엇을 배우고 느꼈는지 말이나 글로 표현하게 하기

2. 성적과 실력은 별개다

기말고사 기간, 시험 공부를 하고 있던 아이가 훌쩍 훌쩍 울고 있다. 너무나 당황스러워 왜 그러냐고 물었다.

"왜 그래. 어디 아프니?"

"다 틀렸어."

"무슨 소리야?"

"한국사를 열심히 공부하고 문제를 풀었는데 절반이 틀렸어."

뭐가 그리 분하고 억울한지 얼굴을 묻고 펑펑 운다. 이런 일은 처음이라 참 당황스러웠다. 한국사를 좋아하고 공부한 내용을 책으로 엮기까지 하며 열심히 했지만, 문제를 많이 틀렸으니 속이 많이 상한 모양이다.

"그래? 열심히 했는데 속상하겠다. 문제가 어려웠나 보다. 근데 네가 잘못 알고 있는 걸 이제 알게 되었잖아. 맞고, 틀리고가 중요한 것이 아니야. 네가 알게 되는 것이 중요하지. 이제 알았으니 다행이다."

그러자 눈물을 슥 닦고 얼굴빛이 조금 밝아진다.

흔히 성적과 실력을 혼동하는 것 같다. 물론 성적과 실력이 비례할 때도 있다. 그렇다면 가장 이상적이다. 그러나 성적과 실력은 엄연히 다르다. 자신이 알고 있는 것이랑 시험 성적은 정확히 비례하지 않는 경우가 많다. 변별력을 가리기 위해 문제를 마구 꼬아 놓은 경우도 있고, 질문의 핵심을 제대로 파악하지 못해 틀리는 경우도 있다. 잘 알고 있지만 시험의 긴장감 때문에 제대로 실력을 발휘하지 못하는 경우도 허다하다. '성적만 좋으면 되지' 대부분은 이렇게 생각한다.

내용을 이해시키기 위해 열심히 설명을 하고 있는데, "그래서 답이 뭐예요?"라는 말을 자주 듣는다. 설명은 됐고, 정답만 가르쳐주면 그 답을 외우겠다는 거다. 점수만 좋으면 그만이라고 생각한다. 부모들이 성적만 잘 받아오면 좋아하기 때문이리라. 그런데 점수만 좋은 아이들은 대부분 끝까지 그 성적을 유지하지 못할 가능성이 높다. 학습 내용을 제대로 이해하거나 내면화하기보다는 그저 무작정 외워서 점수만 받고 바로 잊어버리기 때문이다.

학습내용을 내면화해 내 것으로 만드는 것이 실력이다. 실력은 기초공사 기간이 길어 단기간에 그 결과가 나타나지 않을 때도 있다. 끈기를 가지고 탄탄하게 다진 후에야 그 빛을 발하게 된다. 기초공사를 더 넓고, 더 견고하게 다져야 그 위에 세우는 건물을 더 높고, 더 튼튼하게 지을 수 있는 원리와 같다. 그런데 그 기초공사는 재미도 없고, 겉으로 드러나는 결과물도 시원찮다. 빠르고 멋진 결과를 기대하지만, 멋진 결과에는 부단한 노력과 끈질긴 인내가 요구된다. 기초공사로 힘들어 하는 시기에 특히 부모의 역할이 중요하다. 자녀가 꾸준히 노력하고 있다면 좀 느긋하게 기다려주어야 한다. 학기 초, 학생들을 상담하다 보면 가장 많이 듣는 소리가 있다.

"저 초등학교 때는 공부 잘했어요. 평균 90점 받았어요."

그렇다. 초등학교 때 공부 못한 친구들이 없다. 학생들은 그것이 실력이라고 믿는다. 또한, 항상 높은 점수를 받았기 때문에 자신의 실력을 과신하게 된다. 기초를 튼튼히 다지는 진정한 실력을 쌓기보다는 높은 점수라는 결과에만 집중한다. 기초를 튼튼히 다지는 일이란 어떤 작업이고, 구체적으로 어떤 노력이 필요할까?

그것은 사실 특별한 것은 아니다. 기본원리나 개념을 내면화하는 일이다. 기본원리나 개념을 정확히 이해하게 되면, 어떤 방식으로 응용을 해도 그 원리를 적용할 수 있게 된다. 학년이 올라갈수록 단편적인 지식 내용보다는 개념이나 원리를 얼마나 내면화해 더 폭넓게 응용하고, 삶에 적용하는지가 관건이다. 또한, 다른 여러 학문들과 융합하는 종합적인 사고력을 요구한다. 그래서 성적을 올리는 것에 신경을 쓰기보다는 실력을 높이는 데 집중해야 한다. 자녀가 당장 점수를 낮게 받아오더라도 조바심을 내지 말고, 자이가르닉효과

를 상기해보자. 미완성의 효과, 즉 어떤 일을 끝까지 수행한 것보다 수행하지 못하고 그만둔 일을 더 잘 기억한다는 이론이다. 초등·중학교에서 틀린 것은 오히려 고등학교에 가서까지 기억하게 되는 효과를 얻을 수 있을지도 모른다.

틀린 문제를 이것도 모르느냐고 핀잔을 주기보다는 다음과 같이 격려해보면 어떨까?

"그래, 새로운 것을 알게 되었잖아. 네가 모르는 건데 우연히 맞혔다면 모를 뻔했네. 정확한 내용을 알게 되었으니 다행이야. 다음에는 이거 절대 안 잊어 먹겠다."

그러면 자녀들은 부모가 자신을 지지하고 있는 것에 큰 동력을 얻는다. 또한, 점수보다는 학습내용을 내면화하고, 정확히 인지하는 것이 더 중요하다는 것을 인식하게 된다. 자녀가 학교 성적표를 내밀었을 때 부모의 반응에 따라 자녀의 학습에 대한 자세가 달라진다. 자녀가 성적, 단순히 점수에만 관심을 두느냐, 진정한 배움과 지적호기심을 바탕으로 실력 향상에 집중하느냐는 부모의 태도에 달려 있다.

3. 쉽게 따라 할 수 있는 과목별 실천법

자녀의 성향이나 기질에 따라 학습법을 달리해야 하지만, 기본적으로 효과가 좋은 과목별 학습법은 있다. 필자가 30여 년 동안 교직에 있는 동안 학생들을 관찰하며 얻은, 쉽게 따라 할 수 있는 과목별 공부 실천법을 안내하겠다. 이 모든 방법을 다 적용하라는 것은 아니다. 부모들은 자녀들과 함께 자녀들의 기질과 성향에 잘 맞는 방법을 선택하는 것이 좋다. 그리고 무엇보다 중요한 것은 꾸준히 하는 것이다. 학습법을 잘 몰라서 성적이 안 나오는 것은 아니다. 꾸준히 실천하지 않아서다. 꾸준히 할 수 있도록 격려하며, 분위기와 배경 등 적절한 무대를 꾸며 주고, 때로는 쉼터가 되어주는 것이 부모의 역할이다.

국어

모든 학습의 기본이 국어 능력이다. 언어 능력은 사고력이고, 사고력이 바탕이 되지 않으면 학습이 어렵기 때문이다. 부모들은 대부분 영어나 수학 성적을 위해 학원을 보내고 과외를 하는 데 많은 사교육비를 부담하지만, 정작 국어는 등한시하는 경향이 있다. 필자는 오히려 국어, 즉 언어적 사고력을 높이는 데 더 치중해야 한다고 본다.

요즘 아이들은 책보다는 인터넷 서핑을 통해 다양한 정보를 얻는 것에 익숙해져 있다. 그러나 인터넷의 정보를 세세히 곱씹으며 읽는 사람은 없다. 좋아하는 분야나 핫이슈를 중심으로 대충 눈으로 훑고 지나간다. 그렇다 보니 뇌리에 남는 것도 없다. 즉 대의나 요지 파악을 위한 대충 훑어 읽기(Skimming)는 어느 정도 해내지만, 특정한 세부정보를 찾기 위한 읽기(Scanning)는 어려워하는 듯 보인다. 국어는 대충 읽는 스키밍(Skimming)보다는 뜻을 새기며 정확히 읽는 정독(精讀), 즉 스캐닝(Scanning)이 필요하다. 물론 때때로 속독(速讀)도 필요하다. 빠르게 읽으며 긴 지문을 읽는 동안 그 내용을 잊지 않기 위해서다. 천천히 읽으면 앞의 내용이 기억나지 않아 읽었는데도 무슨 내용인지 모른다. 그래서 정독하는 연습과 속독하는 연습을 동시에 해야 한다.

스캐닝(Scanning) 연습을 하는 좋은 방법은 스키밍(Skimming)으로 대의와 글의 목적을 대략적으로 파악한 후 세부내용을 파악하며 다시 읽는 것이다.

국어 성적 Up을 위한 Tip.

1. 일주일에 1번 도서관 가기
2. 도서관 행사에 참여하며 놀기
3. 온 책 읽기
4. 정독(Scanning)하기
5. 글의 주제, 요지, 작가의 의도를 파악하며 읽는 연습하기
6. 근거나 이유를 찾으며 읽기
7. 다양한 종류의 책 읽기(편식은 금물)
8. 세부내용을 노트에 정리하거나 요약하기

9. 읽은 글의 주제와 내용에 대해 친구들 또는 부모님과 토론하기

10. 신문의 칼럼(Column)이나 논설(Editorial) 읽기

11. 필사하기(좋은 문장이나 글의 핵심내용 같은 마음에 드는 글을 노트에 베껴 써보기)

12. 패러프레이징(Paraphrasing, 글을 읽고 요약하기보다는 자신의 말로 바꿔서 다시 쓰기) 하기

13. 글을 읽고 배운 점과 느낀 점 간단히 쓰기(독서록 작성)

14. 오답노트(틀린 문제와 왜 틀렸는지 그 이유와 정답인 이유를 함께 적기)

15. 하루 있었던 일을 중심으로 성찰 일기 쓰기

영어

영어는 학습이 아니라 연습이 필요하다. 단순히 머리로만 공부해서는 절대 잘할 수 없다. 머리로 이해하더라도 입으로 계속 연습을 해야 하고, 글로 써봐야 한다.

필자는 매년 학기가 시작되는 첫 시간마다 영어를 잘하는 방법에 대해 말하곤 한다. 첫 시간이라 학생들은 귀를 쫑긋해서 듣는다.

"Learning English is not studying but practicing. If you wanna be good at English, listen to English everyday, speak English everyday, read English everyday and write English everyday. That's all. How to speak English well is the same as how to speak Korean well 영어는 공부가 아니라 연습이야. 너 영어를 잘하고 싶다면, 매일 영어를 듣고, 매일 영어로 말하고, 매일 영어를 읽고, 매일 영어로 글로 써서. 그게 다야. 영어를 잘하는 방법은 한국어를 잘하는 방법과 같아."

"머리 좋은 사람만 영어를 잘한다면 미국이나 영국 사람들은 다 천재니?"

처음에는 모두 고개를 끄덕거리며 격한 동의를 한다. 비장한 각오를 다지며 열심히 해야겠다고 다짐을 한다. 물론 얼마 지나지 않아 모두 까먹고 말지만 말이다. 내가 말하고 싶은 것은 영어는 매일 연습하면 된다는 것이다. 물론 교과서만 공부하는 것은 한계가 있다. 영어는 도구과목이라 교과서 내용을 다시 상기할 일은 학교 시험 외에는 거의 없다. 또한, 일상생활에서의 영어는 우리가 사용하는 말과 국어책에 나오는 글만큼이나 다르다. 그래서 영자신문이나 인터넷 뉴스, 전화영어 등을 활용하면 좋다.

영어 성적 Up을 위한 Tip.

1. 매일 연습(듣고, 말하고, 읽고, 쓰기)해서 익숙해지기
2. 어휘는 어원과 의미를 생각하며 의미 단위로 외우기
3. 매일 외워야 할 일정량의 단어나 표현을 크게 적어 벽에 붙이고 큰 소리로 읽기
4. 문장 단위로 큰 소리로 읽기
5. 기본 문법(어순)에 충실하지만 어려운 문법에 치우치지 않기
6. 분석보다는 글의 내용이나 새로운 정보 습득에 초점을 맞추어 재미 붙이기
7. 청크(의미단위)로 듣고, 읽고, 말하고, 쓰기
8. 교과서에 집착하지 않기(지문은 교과서에서 배운 지문이지만, 보기 문제는 선생님이 직접 작문하기 때문)
9. 문제의 답만 찾고 넘어가는 것이 아니라, 지문을 읽고 세부내용을 정확하게 파악하기
10. 모든 지문에서 글의 주제나 요지를 파악하며 읽기

11. 글의 주장에 대한 근거를 찾으며 읽기

12. 초등학생, 중학생, 고등학생은 〈Teentimes〉와 같은 청소년용 영자신문 활용하기

13. 영어를 잘하는 학생은 BBC나 New York Times 같은 인터넷 사이트를 활용하기

14. 그날 배운 표현을 활용해 한 문장씩 영작하기

15. 읽은 지문에 나오는 단어를 중심으로 예문과 함께 단어장 만들어 보기

16. 영어 일기 쓰기

17. 좋아하는 미드(미국드라마)나 영드(영국드라마) 보고 영어회화 쓰기. 유튜브 영상 시청

수학

성취감을 한번 맛보게 되면 가장 쉽게 빠져드는 과목이 사실 수학이다. 재미를 붙이면 그 매력에 푹 빠진다. 처음 재미를 붙이기가 어려울 뿐이다. 재미를 붙이기만 하면 수학만큼 매력적인 과목도 없다. 풀이를 하며 스스로 정답을 찾는 그 순간의 희열과 성취감이 어떤 과목보다 크기 때문이다. 학교마다 수학 마니아들이 있다. 논리적이며 자료 수집을 좋아하고, 정리를 잘하는 학생들이 여기에 속한다.

또한, 학교에서 편차가 가장 심한 과목도 수학이다. 흥미가 있는 학생은 너무 잘하고, 흥미가 없으면 수포자가 되기 때문이다. 수학에 재미를 붙이려면 기본 원리를 완전히 이해하는 것이 중요하다. 그리고 수학이 일상생활에 얼마나 유익하게 적용되는지 알아야 한다. 수학을 싫어하는 대부분의 학생들은 수학이 살아가는 데 필요 없다고 여긴다. 그러나 우리의 삶을 가만히 살펴보면 곳곳에 수

학의 원리가 숨어 있다. 단순하게는 가게에서 물건을 사는 것에서부터 저축이나 보험을 가입할 때도, 집을 사거나 재테크를 할 때도 수학이 적용된다. 컴퓨터 프로그램의 코딩과 알고리즘도 모두 수학이다. 심지어 나뭇잎이나 리아스식 해안과 같은 자연계에서도 프랙탈(Fractal)[10]의 원리를 찾아볼 수 있다. 수학은 우리의 삶과 떼려야 뗄 수 없는 관계다. 학부모들은 특히 수학의 진도에 관심이 많다. 그러나 수학은 진도가 중요한 것이 아니다. 그 개념이나 원리를 얼마나 잘 이해하고, 내면화했느냐가 관건이다.

수학 성적 Up을 위한 Tip.

1. 문제풀이만 하기보다는 기본 개념과 원리를 완전히 이해하기
2. 수학이 우리의 삶에 미치는 영향이나 일상생활에서의 수학적 원리를 찾아보기
3. 한 문제를 풀더라도 스킬보다는 개념과 원리에 집중하기
4. 달력의 뒷면에 공식을 스스로 정리해 침대 옆 벽에 붙이고 자기 전에 읽어보기
5. 배움이 느린 학생은 충분히 익힌 후 천천히 진도나 수준을 높이기
6. 배움이 빠른 학생은 도전과제를 제시하기
7. 화이트보드나 벽에 도전문제를 적어 놓고 종일 생각하기
8. 한 문제라도 끝까지 정답을 찾을 때까지 스스로 풀어보기
9. 문제를 단순히 손으로 풀기보다는 말로 설명해보기
10. 친구들에게 가르쳐주기
11. 직접 문제 제작해보기
12. 문제를 노트나 워드로 정리해서 나만의 책을 만들어보기

---

10. 부분과 전체가 똑같은 모양을 하고 있다는 자기 유사성 개념을 기하학적으로 푼 구조를 말한다.

사회

저학년일수록 어려워하는 과목이 사회다. 영어나 수학은 기본적인 개념이 어렵지는 않다. 그러나 사회는 어린아이들이 이해하기에는 어려운 개념들이 많다. 교사들이 학생들에게서 받는 가장 많은 질문이 바로 우리말 단어 뜻을 묻는 것이다. 모든 교사들의 공통적인 걱정은 요즘 학생들의 어휘력이다. 단순한 단어나 축약어를 사용하는 메신저나 SNS를 통한 소통에 더 익숙해져 있는 요즘 아이들은 몇몇 단어로 모든 대화가 가능하다. 그래서 일상생활 어휘가 아닌, 학문적인 어휘들의 뜻을 이해 못하는 경우가 많다. 사실 사회 교과목은 학문적인 어휘의 정확한 개념을 이해하면 따라가기가 훨씬 쉽다.

사회 성적 Up을 위한 Tip.

1. 뉴스나 신문을 읽으며 사회문제나 이슈에 대해 관심 갖기
2. 뉴스나 신문에 나오는 어려운 단어의 개념에 대해 대화하기(어휘사전 만들기)
3. 시사문제에 대해 자녀와 토론하기
4. 평소 자녀의 의견을 말하게 하고 존중하기
5. 교과서 내용을 자녀의 주변 환경이나 상황과 연결 짓기
6. 내용을 무조건 외우기보다는 생각하기
7. 친구들에게 개념이나 사건의 개요 설명해주기
8. 교과서나 신문의 내용을 노트에 요약해보기
9. 교과서에 나오는 장소 직접 탐방하고 체험하기
10. 박물관이나 문화 유적지 탐방하고 이야기 나누기
11. 박물관 및 문화유적지 탐방 시 해설사 요청해 해설 듣기
12. 체험과 탐방 후 사진과 함께 보고서 작성하기

과학은 흥미를 갖기도 쉽고, 흥미를 잃기도 쉽다. 모든 자연현상과 인간의 인체를 비롯해 모든 동물의 행동에 이르기까지 체계적으로 정리해놓은 것이 과학이기 때문이다. 자연이 주는 신기한 현상과 우리 몸의 오묘한 작용에 호기심이 생기는 많은 초등학생들이 과학자가 되겠다는 꿈을 꾼다. 과학자가 되면 우리가 직면하게 되는 세상의 모든 비밀을 밝힐 수 있을 것 같기 때문이다. 하지만 복잡하고 어려운 공식과 방대한 지식의 양에 압도되면, 쉽게 포기하고 마는 과목도 과학이다. 또한 학년이 올라갈수록 수학의 기본기가 탄탄해야 한다. 그래서 수학에 흥미가 없는 학생들은 과학에도 흥미를 잃는 경우가 많다. 과학에 흥미를 잃지 않게 하기 위해서는 부모가 부지런해야 한다. 과학과 관련된 다양한 무대를 제공해야 하기 때문이다.

과학 성적 Up을 위한 Tip.

1. 주위의 모든 사물이나 자연에 대해 관심과 호기심을 가지기("왜?"라고 질문 던지기)
2. 사물이나 자연의 신기한 것이나 의문이 나는 것들에 대해 질문노트 만들기
3. 아주 사소한 것들도 기록하는 습관 만들기
4. 궁금한 것은 자료를 찾아보는 습관 기르기
5. 수업시간에 배운 내용을 자신만의 방법으로 스스로 노트에 정리하기
6. 과학적 지식을 서로 관련된 것끼리 마인드맵으로 연결해보기
7. 과학 공식의 대칭(위치에너지와 운동에너지의 관계) 등 규칙을 정리해보기
8. 배운 내용을 통해 일상생활 속의 과학원리 찾아보기

9. 배운 내용이나 과학적 원리를 부모나 친구에게 설명해보기

10. 좋아하는 과학자와 그 이유를 말해보기

11. 좋아하는 과학 분야(물리, 화학, 생명과학, 지구과학)에 대한 책 읽고 내용 정리

 하기

12. 주말마다 과학관 체험하기

13. 과학관 체험 후 보고서 또는 배우고 느낀 점 기록하기

05

창의력은 빈둥거릴 때 더 발달된다

1. 창의력은 어떻게 발달할까?

"넌 왜 그리 빈둥빈둥하니? 할 일이 그리 없어?"

퇴근하고 들어오는 아빠가 거실에 왔다 갔다 하는 아들에게 퉁명스럽게 내뱉는다. 아들은 바로 얼굴빛이 굳어지며 자기 방문을 쾅 닫고 들어간다.

"쟤는 도대체 누구를 닮아 저리 빈둥거려? 쯧쯧."

부모들은 자녀가 빈둥거리며 놀고 있을 때 가장 속이 터진다. 세상에 얼마나 공부할 것이 많고 할 일이 많은데, 저렇게 빈둥거리면 무슨 일을 하겠나 싶다. 특히 아빠는 고단한 하루를 보내고 무거운 어깨로

집에 들어오면 자녀들이 자기 할 일을 알아서 하고, 열심히 학교공부를 하고 있기를 바란다. 하지만 빈둥거리는 것이 꼭 나쁘고, 잘못된 것일까? 받아들이기는 힘들겠지만, 빈둥거림도 나름의 미학이 있다.

부모는 자녀가 어릴 때 어떻게 하면 뇌와 창의력이 발달할지를 고민한다. 창의력은 지식을 머릿속에 넣는 인지학습보다 몸이나 손 같은 신체활동으로 더 발달된다. 피아노 치기가 뇌 발달에 도움이 된다거나, 은물이나 레고 등이 창의력 향상에 도움이 된다는 것은 널리 알려진 사실이다. 자녀의 창의력을 높이기 위해 주말마다 미술관을 관람시키는 부모들도 있다. 즉 창의력은 머리로만 높이는 것이 아니라 오감을 통해 더 잘 길러진다.

뇌 연구가 앤드류 스마트는 《뇌의 배신》에서 아무 일도 안 하고 멍 때리거나 명상을 하며 빈둥거릴 때, 즉 뇌의 상태가 디폴트 모드 네트워크가 되었을 때 창의적이 된다고 말한다. 그는 창의적이 되기 위해서는 다른 사람에 의해 설정된 목표와 시간표에 의해서 움직이는 것을 경계하라고도 한다. 자기주도적이지 않으면 창의력이 발휘되기 어렵다는 것이다. 특히, 스마트폰을 계속 보면서 무엇인가 일을 처리하는 동안에는 사람의 머리가 창의적이 될 수 없다고 경고한다.

영국의 아티스트인 트레이시 에민(Tracey Emin)은 1999년에 '내 침대'라는 특별한 작품을 선보였다. 옷, 담배, 손수건, 술병 등이 뒹구는 어질러진 침대였다. 이 작품은 정신적으로 피폐함을 느끼는 사람들, 또는 누구든 겪을 수 있는 기억을 상징했다.

이 작품은 2014년 터너 시상식에서 대상을 수상했고, 런던의 크리스티(Christie's)에서는 경매로 250만 파운드에 팔렸다. 트레이시는 자신의 작품을 통해 어수선함이 창의성을 자극해주는 장소라고 이야기한 것이다.

〈뉴욕타임즈〉에서도 비슷한 평을 했는데, 여기서는 가끔 어느 정도 어수선한 환경이 마음을 덜 보수적이게 만들고, 새로운 답, 생각을 만들어내기 위해 마음을 움직이는 힘이 있다고 했다. 창의성의 과정에서 '폭풍처럼 쏟아지는 생각'에는 혼란이 존재하고, 바로 여기서 결정과 혁신이 일어남을 기억해야 한다.[12]

　　어떤 아이는 방이 깨끗한 반면, 어떤 아이의 방은 발 디딜 틈 없다. 엄마가 청소를 해주지만 금방 다시 엉망이 되곤 한다. 엄마는 이런 자녀에게 자기 일을 제대로 못한다고 늘 잔소리를 한다. 정리정돈이 되지 않은 방, 책과 양말, 인형들로 가득한 침대와 포스트잇, 컵, 휴지 조각으로 어지럽혀진 책상을 올바르지 못한 삶으로 치부한다. 하지만 이렇게 어질러진 방이야말로 창의성이 나올 수 있는 장소일지도 모른다. 누군가는 너저분한 방은 '우리의 본질이자 정돈된 혼돈'이라고 말한다. 사람들은 안정감과 편리함을 이유로 질서정연하도록 강요받는다. 이 말이 틀린 말은 아니지만, 이로 인해 혼란스러움은 곧 나쁨이라고 인식하게 된다. 많은 사람들은 무질서란 실패, 타성, 부주의함이나 버려야 하는 것으로 여긴다. 하지만 비즈니스 인사이더(Business

12. 원더풀 마인드, 나의 너저분한 방, 나의 세계 참고.

는 '똑똑할수록 정리정돈을 하지 않으며, 야행성일 가능성이 높다'라는 연구결과를 보고하기도 했다.

믿기 어렵겠지만, 이 어수선함을 설명하는 정신학적 이론이 있다. 무질서에 대한 심리학, 즉 어수선함이 심리에 미치는 영향을 연구한 것이다. 그 예로 미네소타 대학에서는 정리정돈되지 않은 공간이 창의력을 자극한다는 연구결과를 내놓았다.

정리정돈된 공간은 규범적이고 바람직한 행동을 유발하는 반면, 어수선하고 정리정돈이 되어 있지 않은 방은 창의력을 유발한다고 한다는 것이다. 자녀가 빈둥거리고 있는가? 방은 정리가 되어 있지 않고 어지러운가? 그렇다면 자녀의 창의적인 성향이 발달되고 있지 않을까 설레어 보자. 그리고 빈둥거림과 어수선함이 창의성이 자라는데 얼마나 중요한지에 대해 자녀와 대화를 나누어 보는 것은 어떨까?

자녀의 창의력을 높이기 위한 부모의 지원 Tip.

1. 마음껏 몸을 움직이고 뛰어놀 수 있게 하기

2. 되도록 손이나 몸으로 하는 활동(모래 놀이, 레고, 악기 다루기, 체육 등)을 적극 지원하기

3. 오감을 활용하는 놀이(클래식 음악 감상, 미술작품 감상 등)를 함께하기

4. 빈둥거리는 것을 너무 비난하거나 야단치기보다는 무슨 생각을 하는지 물어보기

5. 자녀가 하는 말을 경청하고 의견을 진지하게 수용하기

6. 정리정돈하지 않는다고 너무 스트레스를 주지 않기

7. 자녀의 창의력에 포커스를 맞추고 칭찬하기

글쓰기 활동지 활용법

《학부모 119》의 글쓰기영역의 활동지는 학부모가 초보여도 가능할 수 있도록 직관적으로 구성했다. 부모가 부담을 가지고 가르치기보다는 양식에 따라 반복적으로 기록하도록 만들어진 워크지다. 자녀에게 양식 그대로 반복해서 쓰게 하는 활동지로 활용해보자. 첨삭에 대해 어려운 점이나 문의는 이메일로 문의해주기 바란다.
(문의 : hks153_@naver.com)

5장

모든 학업은 바로 글쓰기
실행력의 힘(글쓰기 역량)

바로 쓰기로
실력을 다지자

1. 이야기를 만들어내는 글쓰기 훈련법

초등시기 연령별 글쓰기 익히기

학년	글의 종류	특징
1~2	감성터치 글쓰기, 동시 쓰기, 감상문 쓰기 일기 쓰기, 이야기 쓰기, 상상 일기 쓰기	자신의 감정을 표현하는 훈련이 필요한 단계
3~4	생활문 쓰기, 독서감상문 쓰기, 설명문 쓰기 광고문 쓰기, 희곡 쓰기, 동화 쓰기(스토리 구성하기)	공감능력을 기르기 위해 독후감과 생활문을 능숙하게 훈련해야 하는 시기
5~6	논리적 글쓰기 훈련 필요 : 논설문, 소설 쓰기 설명문 쓰기, 기사문, 광고문, 보고서 쓰기, 서평 쓰기, 시나리오 쓰기	상황인지가 가능한 학년인 5학년부터 논리적인 글쓰기 훈련 필요

중학교 시기에 써보면 도움이 되는 글쓰기 종류에 대해 도서를 참고해 집중해서 공부해보기를 권한다.[13]

13. 한명화, 《중학생, 글쓰기를 부탁해》, 봄길, 2016

2. 책 읽고 스토리보드 쓰기

독서코칭 실천 방법

스토리보드 활용(3면, 6면) 이야기 쓰기 훈련

아이들의 입장에서 이야기를 쓴다는 것은 쉽지 않다. 그러나 첫 단계의 막막함에서만 탈피한다면 단순한 포맷만으로도 충분히 자신의 이야기를 지어낼 수 있다. 부모들도 '처음에는 될까?' 하는 생각이 들지 모르지만, 아이들은 의외로 이야기 쓰는 것을 좋아한다. 처음 시도는 읽은 책의 장면을 나누고 쪼개어 쓰는 연습을 하면 되고, 완전히 다른 이야기를 창작해도 좋다.

스토리보드(Storyboard) 3면

제목 :   지은이 :

① 시작

② 전개

③ 끝

초등학교 고학년들이라고 해도 이야기 구성단계에 따라 5단계의 이야기 구조 그래프를 보고 이야기를 쪼개어 보는 것을 막막해 한다. 중학교 교과서에 나오는 단편 소설들도 결코 이야기 구조대로 명쾌하게 나누어 보기는 쉽지 않다. 하지만 구성요소대로 스토리를 가지고 아이들이 장면을 나누어 보는 연습만 하면, 이론을 가르치지 않아도 소설 클라이맥스의 파고를 몸으로 경험하고 인지하게 된다.

먼저 짧은 이야기를 장면마다 설명해주고 나누어 그리도록 한다.

스토리보드 작성하기

①번 칸에는 읽은 책의 첫머리 부분 발단 장면에서 배경을 찾아 그린다. 그리고 등장인물을 찾아서 그 인물의 행동이나 성격의 특징을 이야기하고 그리도록 한다.

②번 칸에는 새로운 인물이나, 누군가 등장해서 사건이 일어나는 장면이 있는지, 사건이나 갈등의 장면에 대해 의견을 나누고 그 장면만을 골라 그리도록 한다.

③번 칸에는 이야기의 결말 부분에 대해 해결이 어떻게 되었는지 이야기를 나누고, 아이가 그 실마리를 찾도록 하고 그 장면을 그리도록 한다. 그림이 다 그려졌으면 그림 장면을 그대로 옮겨서 글로 적도록 한다.

창작 스토리보드 쓰기도 방법은 같다. 스토리보드 6면(222페이지 양식)에 장면마다 설명에 따라 그림을 그리도록 한다. 그 장면에 대한 이야기를 그대로 말하듯 이야기로 써넣게 한다.

①번 칸에는 배경을 우선 선택하도록 한다. 자신이 무대로 생각하는 장소가 어디인지 먼저 상상하고 그려 보게 한다. 이야기에서 배경에는 장소가 있고, 시간이 있으니 이야기가 펼쳐지는 장소(공간적 배경)가 어디일지 먼저 정하게 한다. 학생들에게 질문 형식으로 유도하면 된다. 시간적 배경은 새벽, 아침, 낮, 해질녘 등 다양한 이미지로 사례를 제시해 고르도록 도와줄 수 있다. 학년에 따라 수준을 높이면서 구체적인 이미지를 떠올리게 돕는다. '생활 속에서 갔던 장소가 어디지?', '떠오르는 장소는?', '영화 장면, 꿈에서 보았던 장소 중에 떠오르는 장소를 상상해볼까?' 등 자유로운 연상을 하도록 다양한 아이디어의 사례에 대한 질문을 해주면 금세 상상 속으로 몰입하게 된다.

②번 칸에는 이미지가 떠오르는 등장인물을 그리게 한다. 이야기의 시작에는 반드시 인물이 등장한다. 어떤 성격을 가진 등장인물이 걸어 들어올지 상상해보고 그림으로 먼저 그려보게 한다. '걸음걸이와 표정만 봐도 그 사람의 성격을 알 수 있겠지?', '엉뚱한 성격의 인물이라면 표정은 어떨까?', '걸음걸이는 어떨까?', '자세히 묘사해볼까?' 등 인물의 특징을 상상하도록 실마리를 찾아가는 과정에서 아이들은 인물에 몰입되는 경험을 할 수 있다.

③번 칸에는 등장인물의 고난(갈등)을 묘사하게 한다. 등장인물 사이에는 싸움이 일어나기도 하는데, 성격 차이나 사회적인 문제로 생

기는 사건을 '갈등'이라고 한다. 갈등을 만들어내는 것이 이야기에서는 가장 중요한 요소다.

④번 칸에는 새로운 등장인물, 갈등을 그리게 한다. 갈등을 해결하는 방식도 다양하다. 새로운 등장인물이 나타나서 해결되거나 다른 사건이 일어나서 해결되는 상황으로 이야기가 흘러가기도 한다. 다른 사건을 하나 상상해서 떠올리고 그림으로 그려보게 하자.

⑤번 칸에는 위태로운 일 한 장면을 그리게 한다. '위기'는 갈등이 고조되고 심화되는 단계다. 당하기만 하던 쪽이 사건의 반전을 준비해서 다시 상대를 곤경에 빠트리거나 새로운 사건이 발생해 위기감이 고조된다.

⑥번 칸에는 해결방법   을 그리게 한다. 이 이야기를 어떤 결말로 마무리하고 싶은지 생각한 후에 아이가 결정하도록 사례를 들어 주어라. 행복한 결말, 슬픈 결말, 독자의 상상에 맡기는 결말 중에서 처음에는 선택을 하도록 정보를 주는 것이 생각을 정리하기가 수월하다.

스토리보드는 3면으로 해도 처음에는 막막해 하지만, 장면을 끊어서 설명해주면 아이가 그 과정대로 따라 하며 부담을 갖지 않게 된다. 그림으로 장면을 모두 그리고 난 후에 글을 써야 한다는 점을 지켜주면, 어느새 창작을 즐기게 되는 아이의 모습을 보게 될 것이다. 3면 훈련이 끝난 아이들은 6면으로 자연스럽게 넘어갈 수 있는 힘이 생기고, 부담 없이 분량도 늘어나게 된다. 이렇게 이야기 구조를 가르치지 않고 장면마다 상상하고 말로 표현하며 주요 장면을 추출하고, 머리를 계속 써가는 활동을 하게 되는 궁리의 과정에서 아이들은 이야기를 분석하는 실력과 이야기를 펼쳐내는 글쓰기 실력까지 키울 수 있다. 이야기 구조 이론을 나중에 배우면 외울 필요가 없어진다는 장점도 있다.

이야기의 모양을 자주 상상해보고 지어내 보는 Tip.

1. 먼저 자신의 실제 생활과 상상을 동원해 만들어내어 그대로 기록한다. 그리고 책에서의 장면을 따라서 자신이 만든 인물을 등장시킨다.

2. 상상의 장면 속에 자신을 주인공으로 넣어보고 이야기를 써본다. 다양한 장면(공간적 배경, 시간적 배경)을 자유 연상으로 포스트잇에 써둔다.

3. 다양한 등장인물의 특징을 자유 연상으로 포스트잇에 써둔다.

4. 다양한 소품에 대한 상상을 자유 연상으로 포스트잇에 써둔다.

5. 아이디어를 메모하는 연습을 평소에 자주 하도록 분위기를 만들고, 아이디어 항아리에 모아둔다. 이야기를 지을 때 꺼내 쓸 수 있도록 초기 아이디어 종류를 기록해서 보관한다. 환상적인 아이디어, 엉뚱한 아이디어, 공포스러운 아이디어, 비극적인 아이디어, 슬픈 아이디어, 예쁜 아이디어, 익살스러운 아이디어, 모험담이 들어간 아이디어 등 어떤 것이든 좋다.

6. 제목을 먼저 짓고 나서 이야기를 써도 좋고, 제목을 나중에 짓고 이야기를 먼저 써도 좋다.

스토리보드(Storyboard) 6면
그림으로 개요 짜기

제목 :   지은이 :

① 배경, 등장인물   ② 주인공 성격이 담긴 행동,
                                    자세한 배경

③ 등장인물의 고난(갈등)   ④ 새로운 등장인물,
                                    문제 생김(사건)

⑤ 위태로운 일 1개   ⑥ 해결방법(결말)

스토리보드(Storyboard) 6면
그림 속 이야기를 바탕으로 장면 대화 넣어 쓰기

① 배경, 등장인물

② 주인공 성격이 담긴 행동, 자세한 배경

③ 등장인물의 고난(갈등)

④ 새로운 등장인물, 문제 생김(사건)

⑤ 위태로운 일 1개

⑥ 해결방법(결말)

지도 Tip

1. 짧은 이야기를 장면마다 설명해주고 나누어 그리게 한다.

2. 스토리보드 ①번 칸에는 읽은 책의 첫머리 부분인 이야기의 장면에서 배경(장소)을 찾아 그리도록 한다.

3. 등장인물을 찾아서 그 인물의 행동이나, 성격의 특징을 이야기하고 그리도록 한다.

4. ②번~⑤번 칸에는 새로운 인물이나 누군가 등장해서 사건이 일어나는 장면이 있는지, 사건이나 갈등의 장면에 대해 의견을 나누고 그 장면만을 골라 그리도록 한다.

5. ⑥번 칸에는 이야기의 결말 부분에 대해 해결이 어떻게 되었는지 이야기를 나누고 아이가 그 실마리를 찾도록 하고 그 장면을 그리도록 한다.

6. 그림이 다 그려졌으면 그림 장면을 그대로 옮겨서 글로 적도록 한다.

7. 다 그린 후 발표를 한다.

스토리보드(Storyboard) 이야기 뼈대 만들기 연습

주인공은 누구인가?(등장인물)

▼

주인공은 지금 어디에 있나?(장소)

▼

주인공에게 어떤 상황이 벌어지나?(사건)

▼

주인공에게 나타난 것은 무엇인가?(갈등요인)
(사람이 나타남, 어느새 새로운 장소로 가 있거나,
괴물이나 동물이 나타나기도 함)

▼

그래서 주인공은 어떻게 되었나?(결말)

3. 스토리보드로 이야기구조 훈련 : 황순원 《소나기》

과정 중심 독서코칭 실천 방법
황순원 《소나기》를 읽고 이야기구조 선그래프로 그려보기

아이들이 교과서에 나오는 스토리와 친하지 않은 이유는 무엇일까? 정해진 평가 방식에 맞추어 독자의 마음까지 정답에 끼워 맞춰야 한다는 부담 때문이다. 아무 조건 없이 접했던 이야기에 몰입되고 울림과 깨우침을 고스란히 스스로 느끼는 기회를 만들면 책의 재미에 빠진다. 그리고 책을 통한 생각 활성화의 시간이 행복해지고, 그 과정에서 달콤함을 느낀다. 이와 유사한 활동으로, 자녀 스스로 이야기의 조각을 만들고, 그것을 게임처럼 조합해보고, 흐름의 모양을 만들어 보면서 이야기도 지어 보는 활동을 소개한다.

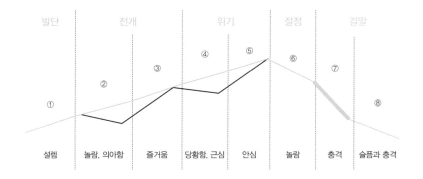

① 소년과 새로 이사 온 소녀가 개울가에서 처음 만나게 됨.
② 개울가에 앉아 손으로 물만 움키던 소녀가 소년에게 조약돌을 물속으로 던짐.
③ 소년과 소녀가 산으로 놀러가서 즐거운 시간을 보냄.
④ 소년과 소녀는 갑자기 소나기를 만남. 소녀의 입술이 파랗게 질림.
⑤ 소년과 소녀가 수숫단 속에서 소나기를 잠시 피함.
⑥ 소년은 소녀가 이사 간다는 소식을 들음.
⑦ 소년은 잠결에 소녀가 죽었다는 어른들의 대화를 들음.
⑧ 흙 얼룩이 남은 옷을 그대로 입혀서 묻어 달라고 했다는 소녀의 유언을 듣게 됨.

이야기 모양의 의미

뜻	모양
직선으로 평이하게 표현 : 이야기에서 특별한 일이 일어나지 않았을 때	
점점 올라가는 선 : 올라갈수록 더욱 행복, 흥미로운 이야기, 흥분되는 일, 행운, 기쁜 일, 좋은 일	
점점 아래로 내려가는 선 : 내려갈수록 더욱 위기, 슬픈 일, 위태로운 일, 불행, 나쁜 일	

이야기 그래프 화살표

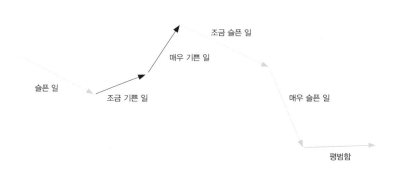

조금 슬픈 일

매우 기쁜 일

슬픈 일

조금 기쁜 일

매우 슬픈 일

평범함

Tip. 나만의 이야기 만들기

1. 계획을 세우면 더욱 쓰기 쉬워지는 이야기

2. 이야기 쓰기 계획을 세우고, 한 편이라도 구성해보고 읽으면 더욱 쉬워지는 이야기 책 읽기

3. 이야기 쓰기에 자신이 없거나 소재가 잘 떠오르지 않는 경우의 아이들에게는 극적인 사건의 한 장면을 이야기로 쓰도록 연습해보는 것이 도움이 된다.

4. 이야기 지도를 백지에 스케치하는 방법으로 코스를 정하고, 그 경로에 따라 이야기를 지어보는 연습도 필요하다. 어떤 이야기를 펼쳐 갈지 그림으로 간단히 그려보고 그래프를 만들어 봐도 좋다.

내가 쓴 이야기로 그래프 화살표 만들기(232페이지 참고해서 그려보기)

이야기 시작점

글쓰기로
자기를 표현하는 훈련

1. 자기소개서 쓰는 법

초등·중학생 자기소개서 쓰는 법

자기소개를 하라고 하면 초등학생뿐만 아니라, 중·고등학생도 연습을 하지 않으면 망설이게 된다. 우선 자기소개를 하려면 자신에 대해 분석해봐야 한다. 잘하는 것과 못하는 것, 좋아하는 것과 싫어하는 것의 목록을 만들어 보는 것도 좋다. 친구들과 가족들에게 자신에 대한 생각을 들어보고 적어 두어도 좋은 소재가 된다. 입시에 쓰는 자기소개서와는 다르지만, 더 좋은 자녀의 자기소개서를 쓰기 위해서 기초자료는 많을수록 유리하다.

질문하고	답하고
자신이 좋아하는 것이 무엇인지 적어 보자.	
나를 재미있게 표현해보자. (닮은 꽃, 식물, 동물 등 특정한 사물에 비유)	
나의 매력 포인트	
내가 제일 싫어하는 일	
남들보다 잘하는 나의 특기	
유튜브에 자기소개하는 법을 찾아보고 정리해보자.	찾아본 유튜브 채널명 : 내용 정리(5줄) :

1. 자신의 경력을 말하며 이름을 소개한다.
예) 저는 ○○초등학교에 다니는 ○○○입니다.
저의 경력은 ○○○○○입니다.

2. 자기의 특징과 잘하는 점, 친구 관계 등을 말한다.
예) 저는 반에서 수학을 제일 잘합니다. 저는 질문이 많고, 친구들에 대한 호기심도 매우 많습니다. 특히 국어 과목도 잘합니다.

3. 자신의 꿈을 말하며 꿈을 이루기 위해 하고 있는 것을 말한다.
예) 제 꿈은 미술가이며, 그 꿈을 이루기 위해 인사동에 있는 작은 미술관과 화랑 전시를 자주 갑니다.

4. 자신의 가족관계를 말한다.
예) 우리 가족은 아빠, 엄마, 저, 동생으로 4명입니다. 아빠는 재택근무를 하시는데, 여행 작가입니다. 엄마는 네일샵을 운영하십니다. 동생은 저보다 10살이 어립니다.

자기소개하는 법 연습

자기소개서를 쓸 때 수정해야 할 부분은 다음과 같다.

① 주어와 문장을 일관성 있게 써야 한다. '나는 ○○입니다', '저는 …습니다'라고 표현하는 경우가 많은데, 주어는 '나', '저' 중에 하나를 선택해서 일관성 있게 작성해야 한다.

② 추상적인 표현이나 수사법을 많이 쓰지 말고, 간결한 문체로 짧은 문장을 쓴다.

③ 솔직하게 써야 한다. 자기소개서는 자기를 소개하는 글이지만, 주관적 성격의 글이 아니다. 따라서, 자기 주관에 휩싸이거나 미사여구를 지나치게 사용하면, 심사하는 사람을 설득하기 어렵다. 그래서 학교생활기록부에 기재된 사례를 바탕으로 육하원칙에 따라 서술하는 것이 가장 효과적인 방법이라 할 수 있다.

④ 희망 진로계획은 구체적으로 써야 한다. 자신의 꿈이나 진로계획을 중심으로 중요도에 따라 구체적으로 작성하는 것이 필요하다. 또 진로계획과 연관된 본인의 현재 경험과 교육이 어떠한 상태인지 평가하고, 지원하는 학교가 그 역량을 키우는 데 어떻게 도움이 될지에 대해 서술해도 좋다.

⑤ 최종 작성 후 도와줄 사람들과 함께 읽어보자. 자기소개서는 한 번에 작성하지 말고, 초안을 쓴 뒤 여러 번에 걸쳐 수정 보완을 해야 한다. 이 과정을 통해 불필요한 부분을 삭제하고, 문장을 간결하게 다듬을 수 있기 때문이다. 자기소개서가 최종적으로 완성됐다면 학교 선생님이나 친구에게 보여줘 고쳐보자. 자신이 미처 생각하지 못했던 부분이나 느낌을 좀 더 정확하게 아는 데 효과적이다.

⑥ 띄어쓰기, 맞춤법 확인이 필요하다. 내용 전개상 쓸데없는 표현은 삭제하고, '~인 것 같다'라는 식의 표현보다는 자신의 생각을 명료하게 보일 수 있도록 '~다'라고 쓰자.

자기소개서를 쓰는 과정에서는 마인드맵이 유용한 방법이 된다.

자녀 스스로 '나'라는 핵심 소재를 중심에 놓게 하고 거기에서 생각의 가지를 뻗어 나가는 것이다. 나에 대해서 이야기할 수 있는 것이 무엇이 있을까를 고민하면서 떠오르는 생각들을 나뭇가지 모양으로 정리해 나간다. 예를 들어, 나의 성격, 내가 좋아하는 것, 내가 잘하는 것, 앞으로 하고 싶은 것, 가족 관계, 사는 지역 같은 것들 말이다.

이것을 다시 구체화한다. '성격'은 좋은 점, 나쁜 점 등으로 나눌 수 있다. 좋은 점의 예로는 '진취적이고 창의적이다, 리더십이 있다, 포용적이다, 내 주관이 확고하다, 성실하다, 준비를 잘 한다' 등이 있다. 나쁜 점에서는 '마무리가 약하다, 충동적이다, 느리다, 소심하다' 같은 것으로 더 세분화시켜서 정리한다.

'좋아하는 것'은 음식, 교과목, 놀이, 친구 등으로 가지를 뻗어 나갈 수 있다. 그리고 그와 관련된 자세한 사항들을 정리해보자. 내용을 써 나갈 때는 단순히 항목을 나열하는 데 그치지 말고, 항목들에 대한 자신의 생각, 그런 생각을 갖게 된 배경, 실제 사례 등을 구체적으로 기술하는 것이 좋다. 특히 나의 미래와 관련된 내용은 빼놓지 말아야 한다. 내가 꿈꾸는 것, 그 꿈을 꾸는 이유, 그 꿈을 위해 어떻게 할 것인지에 대한 생각들이다. 내 현재에 대해 생각해보고 앞으로 세상을 살아갈 때 어떻게 계획하고 실행할 것인지를 구상하는 것이다.

어려서부터 자신에 대해서 많이 생각하고, 스스로를 잘 아는 친구들은 끊임없이 자신을 수정하고 발전시켜 나갈 수 있다. 그런 면에서 자기소개서를 쓰는 것은 자기 발전을 위한 아주 좋은 연습이 될 수 있다.

중학생 자기소개서 쓰는 법
(진학 외에도 객관적인 자기소개서 쓰기 연습이 필요하다)

자기소개서 질문 사례(영재고, 외고, 자율사립고, 과학고, 대입)

자기소개서 문항(지원학교 글자수 입학 요강에서 확인 바람)
① 학교에 다니는 동안 공부에 쏟은 노력과 학습 경험에 대해, 배우고 느낀 점을 써보자.
② 자신이 노력했던 학교에서 한 활동의 배우고 느낀 점을 3개 이내로 써보자. 단, 교외 활동 중에서는 교장선생님의 허락을 받고 참여한 활동이 포함된다.
③ 학교생활 중 배려, 나눔, 협력, 안 좋았던 일 해결 등 실천했던 일을 쓰고, 배우고 느낀 점을 써보자.

학부모 119

초보 부모도 가르치는
갈래별 글쓰기 훈련법

글쓰기 능력을 가진 사람이 주인공인 세상이 되었다. 프레젠테이션, 과제연구, 수행평가, 이메일 소통, 블로그, 카페, 페이스북, 인스타그램, 밴드, 문자, 카카오톡, 댓글 등 엄청나게 많은 창구가 열려 있다. 글쓰기가 중요하다고 알고 있지만, 균형 잡힌 글을 쓰려면 많은 연습이 필요하다. 학교에서도 책을 읽고, 자료를 모아서 글을 쓰는 역량이 있어야 모든 학습에서 좋은 평가를 받을 수 있다.

글쓰기는 본인의 경험을 쓰고 드러내는 결과물이다. 즉 글을 쓰면서 정리하는 과정이 자신의 생각으로 구체화하는 종합적 사고의 과정이다. 글을 쓰라고 하면 보통 글의 종류를 생각하고, 다음에는 개요를 생각하면서 한번에 완벽히 잘 쓰려고 한다. 그러나 절대 그럴 필요가 없다. 다음 예시처럼 단순하게라도 먼저 자녀가 써보기를 권한다. 부모가 완벽한 글쓰기 지도를 하라는 의미보다는 초고 쓰기의 연습을 하도록 지도해두는 것이 글쓰기 역량의 초석이 되니 평소에 초안 쓰기부터 글의 갈래별 표를 참고해서 시도하고 연습하도록 안내하자.

글을 쓰는 단순한 방법을 자녀에게 소개해보자.

① 먼저 무엇을 쓸 것인지가 중요하다. 여러 가지를 떠올려 본다.
② 내가 쓰고 싶은 것을 찾는다.
③ 제목을 먼저 정한다. 쓰고 싶은 주제 중에 한 가지를 정한다. 정한 주제는 구체적이고 선명해야 한다. 그러므로 자신이 잘 아는 주제를 정하면 쉽다.
④ 그 내용이 무엇인지 기록하자.
⑤ 짧은 글이라도 자주 쓰자.
⑥ 문장을 짧게 써야 한다.
⑦ 자신이 겪은 특별한 경험을 주제로 정하자.
⑧ 평소에 관찰해서 주제를 충분히 만들어 두자.
⑨ 평소에 메모해두기
⑩ 일상에서 2줄~5줄 정도의 글 씨앗 모으기
⑪ 브레인스토밍 노트 만들기
⑫ 글쓰기 지도법 이론 정보도 공부해보자.

우선 완성된 글을 생각하지 말고, 아이들이 얼개 짜기를 한 후 자연스럽게 문장으로 이어지도록 초안을 쓰도록 해서 모아두자. 자녀가 얼개를 잡고도 글쓰기를 힘겨워 한다면 옆에서 도움을 주고, 그렇지 않다면 스스로 문장으로 엮은 후 소리내어 읽어보도록 한다. 부모가 글을 평가하기 전에 자녀가 자연스럽고 솔직한 글쓰기를 하도록 환경을 제공하고 수용해주어야 한다. 그리고 글을 다 쓴 후 읽어보면서 어색한 문장을 다듬는 습관을 들이면 된다. 어설퍼 보이는 글이라도 누적된 것으로 만들어가다 보면 글쓰기 역량이 크게 성장하게 된다.

1. 일기 쓰기

'일기' 하면 숙제처럼 생각해서 쓰기 싫었던 기억이 나지만, 그래도 그날 있었던 일을 한 가지씩 쓰다 보면 글 솜씨도 좋아지고, 마음도 편안해진다. 한 가지 일을 자세히 쓰는 연습도 할 수 있어서 일기 쓰기는 초등학교, 중학교 학생들에게는 꼭 필요한 훈련과정이다. 매일 매일 일어났던 일 중 한 가지를 딱 잡아 쓰는 것이 일기다. 반복되는 일을 쭉 나열해서 쓰기보다는 그날 일 중에 인상적인 것을 골라보고 특징적인 것을 쓰도록 알려주자. 일기 쓰기는 감상일기, 관찰일기, 독서일기, 생각일기, 상상일기, 속마음일기 등 수많은 주제로 쓸 수 있다. 다음 글감 중에 하나씩 떠오르는 장면을 골라서 써보게 하자.

1. 우리 선생님	18. 정신없는 아침	35. 음식 만들기	52. 외갓집
2. 빵 먹은 이야기	19. 학교에서 있었던 일	36. 추석(설)에 있었던 일	53. 칭찬 받은 일
3. 동물원 구경	20. 일기 쓰기 싫은 날	37. 수목원에 갔던 일	54. 내 머리카락
4. 내 동생	21. 기분 좋았던 일	38. 강아지	55. 코스모스
5. 단짝 친구	22. 오빠 또는 형	39. 소풍	56. 내 짝꿍
6. 옷 투정	23. 반장선거	40. 급식 당번 날	57. 미술시간
7. 생활계획표	24. 제사 지낸 날	41. 책 읽기	58. 일요일
8. (징그러운) 벌레	25. 생일날	42. 신문 보기	59. 노래방
9. 구름	26. 부모님과 놀러간 일	43. 하모니카	60. 청소시간
10. 비(눈) 온 날	27. 시골에서 있었던 일	44. 문방구 아주머니	61. 눈썰매장
11. 할머니(할아버지)	28. 해수욕장	45. 내 이름	62. 용돈
12. 시험 날	29. 집에 오는 길에	46. 극기훈련	63. 동생이랑 싸운 날
13. 결혼식장 간 날	30. 이빨 아픈 날	47. 사랑하는 엄마	64. 장난치다가
14. 학원에서 있었던 일	31. 병원에 갔던 일	48. 가족회의	65. 체육시간
15. 연필깎이	32. 도서관	49. 아빠와 담배	66. 무더운 날
16. 수영장에서 생긴 일	33. 힘이 세진다면	50. 눈물 나게 했던 일	67. 꿈
17. 새로 이사한 집	34. 학용품	51. 소문	68. 놀이공원

가고 싶은 곳

1. 보물섬
2. 과자나라
3. 우주
4. 장난감 나라
5. 어린이 나라
6. 산타할아버지가 사는 나라
7. 공룡이 살던 시대

8. 마법 학교
9. 달나라
10. 사람 몸속
11. 북극
12. 미래 도시
13. 바닷속 보물나라
14. 내가 아기였을 때

15. 혼자 집에 있는 날
16. 하늘을 나는 교실
17. 빙하시대
18. 곤충마을
19. 원시인이 살던 때
20. 부모님의 어린 시절
21. 난쟁이 나라

보고 싶은 사람

1. 원시인
2. 세종대왕
3. 우주 소년
4. 손오공
5. 도깨비
6. (하늘나라 계신) 할머니

7. 어릴 때 헤어진 친구
8. 해리포터
9. 수호천사
10. 하나님
11. 피터팬
12. 후크 선장

13. 미라
14. 동화 속 주인공
15. 피노키오
16. 외계인
17. 타잔

갖고 싶은 것

1. 보물
2. 마법의 거울
3. 알라딘 램프
4. 날아다니는 차

5. 도깨비 방망이
6. 로봇
7. 말하는 동화책
8. 날개

9. 우주수첩
10. 콩알만한 개

보고 싶은 것(실제나 상상)

1. 공룡
2. 산타할아버지가 끄는 썰매
3. UFO
4. 바이킹
5. 유니콘

6. 오로라
7. 이상한 나라
8. 지옥나라
9. 지구
10. 초신성

일기 쓰기

제목 :

　　　년　　월　　일　　요일　　날씨 :

2. 생활문 쓰기

생활문은 생활 속에서 겪은 일들을 기록하는 것이다. 생활문은 주변에서, 겪은 일을 찾아서 쓰면 되기에 자녀의 체험을 그대로 써보게 하면 된다. 자녀의 주변에서 일어나는 일이 모두 생활문의 글감이 되기 때문에 자주 써보도록 지도한다. 겪은 일, 들은 일, 본 일, 생각한 일들을 자세하고 솔직하게 써보도록 안내하자.

생활문을 시작하는 10가지의 사례를 보고 첫 문장을 활용해 써보게 하자.

1. 소리로 시작 : "아야."
2. 대화로 시작 : "민구야, 뭐해?"
3. 시간으로 시작 : 6시만 되면 엄마의 목소리가 들린다.
4. 사건으로 시작 : 미라는 놀란 눈으로 후다닥 나에게 뛰어왔다.
5. 장소로 시작 : 동굴 속인데 따뜻했다.
6. 속담이나 격언 인용으로 시작 : '건월맹자 ○○○ ○○'라는 사자성어를 들었다. "뭐지?"
7. 인물로 시작 : 문구점 앞에만 가면 얄미운 세인이가 생각난다.
8. 설명으로 시작 : 주몽은 고구려의 시조다.
9. 물건을 나타내는 말로 시작 : 붉은 체크무늬 상자에는 내 기억이 담겨 있다.
10. 자연 표현으로 시작하기 : 흰 구름의 모양이 아파트를 안아주고 있는 것처럼 보였다.

제목

쓸 내용
(내용 문장으로 쓰기)

시작
(시작하는 문장, 경험한 일)

중간
(경험한 사건의 내용 과정)

끝
(겪은 일의 결과)

3. 독서감상문 쓰기

　감상문은 생활 속에서 느낀 것이나 책이나 영화를 보고 느낀 점 등을 쓰는 글이다. 독서감상문이란 책을 읽고 난 후에 책에서 인상적인 내용을 쓰고, 더 궁금한 점과 깨달은 점 등을 기록하는 글이다. 책을 읽고 다음 표를 활용해 독서감상문을 써보게 하자.

제목	
읽은 책	
책을 읽은 이유	
책 내용	
읽은 후 깨달은 점/ 새롭게 생각한 점	

위인전 독후감 쓰기

제목	
위인의 이름	
태어난 나라	
태어난 때	
태어날 때 있었던 일/ 태어난 환경	
어린 시절 있었던 일	
생전에 한 일 및 업적	
돌아가신 때	
돌아가신 이유	
느낀 점/ 닮고 싶은 점	

4월은 '과학의 달'이다. 학교마다 3월이면 과학 독후감 쓰기 과제
가 나오기도 하고, 대회를 하기도 한다. 먼저 관심 주제를 정해 과학
관련 책을 한 권 골라서 읽게 하고, 과학감상문을 써보도록 안내하자.

1 과학책 중에서 인상 깊었던 책이 무엇인가?
2 책을 읽고 난 후, 내가 알고 있는 사실과 경험을 연결시킨다.
3 새롭게 깨달은 점은 무엇인가?
4 더 알고 싶은 점은 무엇인가?

제목을 붙일 때는 책의 제목을 그대로 쓰지 말고 자기만의 제목을
지어서 붙이게 하자. 주제와 관련된 자료를 연결해서 쓰도록 한다.

제목	
쓸 책	
책을 읽은 이유/ 궁금한 점	
다른 자료들을 찾아 알아낸 내용	
깨달은 점 + 새롭게 알아낸 점 + 소감	

4. 논설문 쓰기

논설문은 감상 글이 아니다. 자신의 주장을 다른 사람들에게 설득하기 위해 근거를 들어 쓰는 글이다. 그러므로 논리적이고 체계적이어야 한다. 주제는 강렬한 인상을 주어야 한다. 논설문에서 주제가 선명하면 의견을 잘 전달할 수 있고, 근거가 논리적이며 명확해야 다른 사람들을 쉽게 설득할 수 있기 때문이다.

논설문 쓰기 순서
1. 주제 정하기
2. 자료를 다양하게 모으기
3. 얼개 짜기
4. 글쓰기

논설문의 주제는 객관적이어야 한다. 그러므로 글감은 잘 알고 있는 내용으로 선택하고, 범위를 좁게 잡아서 주제를 한 가지로 정하는 것이 좋다. 예를 들어, '게임시간 줄이기', '독서를 해야 하는 이유' 등 잘 알고 있는 주제로 글을 써보면, 자신의 경험을 사례로 쓰게 되고, 상대방의 공감을 이끌어낼 수 있게 된다. 그리고 뻔한 주제라고 해도 참신한 사례를 넣어서 쓰면 된다. 누구나 다 알고 있는 문제보다는 새롭게 생각해볼 문제를 주제로 쓰려는 노력이 필요하다.

논설문 쓰기에서 주제를 정하고 나면 그 주제를 뒷받침해줄 수 있는 자료가 필요하다. 논설문은 사실을 근거로 두고, 자신의 주장을 펼치는 것이기 때문에 근거자료가 반드시 필요하다. 자료는 독서, 관찰, 조사, 백과사전, 신문, 논문, 참고서 등을 통해서 수집하면 된다. 다양한 출처에서 찾은 자료일수록 객관성이 있다.

논설문 계획하기

글을 쓰기 전에 앞부분, 가운데 부분, 끝맺음 부분을 적고, 각 부분에 어떤 내용을 쓸 것인가 메모해두고 분량도 정해두도록 한다.

1. 서론
자기가 겪은 일화를 섞어서 적으면 글에서 사실감이 느껴진다. 글을 쓰게 된 동기, 목적이나 주장하려고 하는 문제, 쓸 내용에 대해 간단하게 소개한다. 5분의 1 정도 분량으로 길게 쓸 필요가 없다.

2. 본론
서론에서 제시한 문제나 서론의 울타리 안에서 주장할 사항을 쓴다. 본론에서는 좋은 점과 나쁜 점을 나누어서 적으면 좋다. 두괄식, 미괄식 중에 선택해서 적어보자. 자신의 주장을 글로 쓸 때 그 주장을 뒷받침해줄 설득력이 있는 논증도 있어야 한다. 쓰는 도중에 아무리 좋은 생각이 떠올랐다해도 서론의 문제와 아무런 관련이 없는 이야기는 쓰지 말아야 한다. 본론을 구성하는 글에서 문단의 수는 2~4개가 좋다.

3. 결론
본론을 요약할 수도 있고, 문제 해결책을 새로운 방향으로 제시할 수도 있다. 앞으로의 전망을 쓰기도 한다. 이렇게 결론을 맺으면 자신의 주장을 더욱 강하게 남겨 줄 수 있을 뿐만 아니라 신뢰감도 준다. 본론의 내용을 새삼스럽게 반복해서는 안 된다. 부분적인 결론이 아니라 전체적인 결론이 되도록 해야 한다.
결론의 분량은 서론과 비슷해야 한다. 분량이 딱 정해진 것은 아니지만, 서론처럼 전체 글의 5분의 1이 가장 적당하다. 쉽게 읽고, 쉽게 이해할 수 있도록 하려면 대화체 형식의 논설문을 쓰는 것도 좋다.

제목	
서론 (주장과 동기)	
본론 (주장과 근거/ 해결방법)	주장이유 : 실행방법 : 주장이유 : 실행방법 :
결론 (전체 요약)	

5. 설명문 쓰기

설명문은 어떤 내용에 대해 있는 그대로의 사실을 자세히 설명해 놓은 글이다. 그렇기 때문에 비유나 수사법을 쓰거나, 꾸미는 말을 쓰지 않는다. 또한 문장을 간결하고 구체적으로 써야 한다. 설명문에서 문장의 끝맺음　　　은 '～이다. ～하다'로 끝내는 것이 좋다. 다음 표를 활용해 간단한 설명문을 써보게 하자.

제목	개의 특징	
구성	개요	설명 내용
처음	설명하려는 내용	무엇을 쓸지 밝힌다. 전체적인 특징을 쓴다. 예시 : 개
중간	자세히 세분화 해서 설명한다.	개의 종류를 나누고 조사한 자료를 바탕으로 특징을 하나하나 문단으로 나누어 설명한다.
끝	내용 요약 정리	중간에서 쓴 내용을 요약해준 후 마무리한다.

제목		
구성	개요	설명 내용
처음	설명하려는 내용	
중간	자세히 세분화 해서 설명한다.	
끝	내용 요약 정리	

6. 편지 쓰기

편지글에는 양식이 있다. 다음 양식에 맞추어 연습하도록 해보자.

받는 사람	
첫인사	
하고 싶은 말	
끝인사	
편지 쓴 날짜	
편지 쓴 사람	

7. 기사문 쓰기

기사문이란 일어난 어떤 사건을 있는 그대로 신속하고 정확하게 알려주는 글이다. 특히, 기사를 쓰는 글쓴이의 의견이나 개인적인 감정을 넣지 않고 사실 그대로 써야 하고, 보고 들은 것을 그대로 쓰거나 취재한 것을 그대로 전달해야 한다. 사건의 내용을 읽는 사람들에게 육하원칙에 따라 아래 양식에 맞추어 연습하도록 알려주자.

기사제목	
누가	
언제	
어디서	
무엇을	
왜	
어떻게 했나	
기사 내용 연결해서 쓰기	

8. 시 쓰기

자녀가 좋아하는 시 한 편을 옮겨 쓰고, 그 시에 대한 느낌을 글 또는 그림으로 표현해보게 하자.

제목 :	
내가 좋아하는 시 한 편	느낌

시는 자연 또는 어떤 사물, 그리고 사회의 여러 현상에 대한 느낌, 감동, 생각 등을 함축적인 언어로 표현하는 글이기에 간결한 언어로 그림을 그리듯 묘사한다. 사물이나 동식물, 또는 추상적인 상상세계까지도 마치 살아 있는 생명처럼 표현할 수 있는 것이 바로 시다.

아이들에게 자신이 겪은 일을 시로 써보게 할 때 처음부터 행(글을 가로나 세로로 벌인 것)과 연(몇 행을 한 단위로 묶은 것)을 나누어서 써보도록 하는 것이 좋다. 또 묘사를 할 때는 색깔에 대한 묘사와 어떤 맛 과 냄새 를 묘사할 수도 있고, 눈 으로 보는 것들을 표현 할 수도 있다. 그리고 만지는 손끝으로 전해오는 감각 과 귀로 들 을 수 있는 소리 로 표현할 수도 있다.

04

자녀들의 글쓰기 향상을 위한
부모의 노하우

1. 한 편 쓰기로 훈련하기

중학교 1학년이 된 민수는 공부하기를 싫어했다. 대형학원에서 외고반에 다닐 정도의 아이인데 엄마는 걱정이 태산이었다. 걸핏 하면 "영어학원 선생님이 강압적이다. 혼자 공부한다. 학원 안 다닌다"라며 엄마의 기대에 벗어나는 행동을 했다. 결국 연거푸 학원을 그만두더니 다른 과목도 흥미를 잃었다. 이런 아이를 어떻게 해야 할까? 그나마 책은 겨우겨우 읽어서 엄마는 일단 한발 양보를 하고, 아이에게 최소한의 주문을 했다. 학원은 쉬어 보면서 부담 없이 한국 단편소설 한 편씩 읽고, 독후감을 짧게라도 그냥 써서 모아두자고 말이다.

아이도 그 정도는 할 수 있다고 생각했는지 흔쾌히 글쓰기를 시작했다. 아이는 100편 이상의 독후감을 미완성으로나마 끄적여 두었고, 엄마는 한마디도 그 내용에 대해서는 언급하지 않고 쌓아두었다. 학교에서 수행평가로 독서감상문을 내라고 하면, 민수는 그제야 조각난 글들을 좀 더 완성도 있게 만든 후 내곤 했다. 민수는 국어에서 만점에 가까운 점수를 받기 시작했다. 그렇게 쌓인 노력들이 대학입시 실기시험을 볼 때 엄청난 지적 밑천으로 활용되었다. 그 후 대학교 예술계열에 합격하게 되었다. '리어왕'으로 글을 썼고, '운수 좋은 날'로 장면 기획을 했던 시험이었다. 아이에게 지적 재산의 기반이 되었기에 합격까지 가능해진 사례로 여겨진다.

그냥 쓰기 프로젝트, '그냥 써서 모아두기'를 실천해보자

민수의 이야기처럼 부모 입장에서는 글을 잘 쓰는 옆집 아이가 너무나 부럽다. 그 아이는 어떻게 글을 잘 쓰는 아이가 되었는지 궁금하다. 학부모가 적극적으로 글쓰기 특강까지 가서 전문가에게 설명을 들어도 아이가 따라주지 않으면 실천하기란 쉽지 않다. 그러나 습관이 될 때까지 부담되지 않는 선에서 지속적인 글쓰기 지도하기를 권하고 싶다. 물론 지속적인 글쓰기 지도에도 요령이 필요하다. 너무 난이도가 높으면 아이들은 당황하게 된다. 아이가 좀 잘 쓴다고 급작스럽게 더 많은 요구를 해도 부담을 가질 수 있다. 프리 라이팅 상태로 3~6개월은 지속적인 글쓰기를 실천해보자.

글이 되든, 안 되든 써서 모아두기를 추천한다. 일단 모아두기가 핵심이다. 모아두면 한 문단, 한 문단 몇 편 모인 글에서 한 주제의 글을 만들면 된다. 그리고 모아둔 글들을 과제로 내거나 필요가 있을 때 수정 보완하면 훌륭한 한 편의 글로 만들 수 있다. 미완성의 글은 퇴고를 하며 읽는 이에게 잘 전달되도록 감동 + 자기 경험 + 메시지를 균형 있게 보충하면 된다. 처음부터 뚝딱 써지는 글은 없다는 것을 유념하고 계속하다 보면 실력이 늘 수밖에 없다. 주제, 중심 생각, 주장, 의견, 감정, 판단 등의 이후에 글의 구조를 배워도 늦지 않다. 자녀를 믿고 '그냥 쓰기 프로젝트', '그냥 써서 모아두기'를 실천해보자.

생활 속에서 일어난 일 '그냥 쓰기 프로젝트'

제목	
1. 사건 한 줄로 쓰기	쓰고 싶은 일
2. 관련된 경험	있었던 일 쓰기 풀어서 쓰기
3. 느낀 점	떠오르는 감동
4. 메시지	이 글을 통해 하고 싶은 말

※ Tip : 이 양식이 너무 복잡하다면 처음에는 1·2번만 쓰거나, 1·2·3번만 쓰는 방법으로 편하게 번호를 골라서 활용해보자.

2. 글쓰기를 위한 이벤트 만들기

글을 쓰는 것은 거창한 일이 아니다. 자신의 이야기에서 출발하면 된다. 글쓴이의 경험을 어떻게, 무슨 내용으로 쓸지를 생각한 뒤 3줄, 5줄, 10줄 정도로 점점 늘려가는 것이 쉬운 접근 방법이다. 내 경험을 쓴다면 글이 점점 늘어나서 긴 글을 쓸 수 있다. 그런데 어쩌다 쓰기도 힘든 글을 어떻게 해야 자주 쓸 수 있을까? 가족들이 참여할 의도적인 공간을 만들어 실행해보는 것이 요령이다.

가족의 독서 블로그를 만들어 보자

가족들의 이야기, 책 읽은 이야기를 쓸 만한 블로그를 운영해보는 것은 어떨까? 엄마, 아빠, 자녀들의 코너를 만들어 1주일에 한두 편씩이라도 짧은 글로 시작해서 꾸준히 포스팅한다면 글 쓰는 시간이 지루하게만 여겨지지는 않을 것이다. 또 하나의 코너를 만들어 다른 친구들에 대한 글이나 쓰고 싶은 글을 쓸 수 있도록 하는 방법도 재미 있다.

그냥 그날 있었던 사건만을 써도 좋다. 또는 수업 시간에 배운 것들을 써도 좋다. 아주 소소한 경험이어도 글로 풀어내는 것이 중요하다. 포스팅을 할 때 자신이 겪은 경험을 두서가 없더라도, 쓴다면 긴 글을 쓸 수 있다. 아이들은 책을 읽은 것, 자료 조사한 내용을 써도 좋다. 그렇게 모인 글들로 나중에 필요할 때 더 긴 내용들을 만들어 갈 수 있다.

글을 쓸 때 글의 종류별로 쓸 구조를 너무 고민하다 보면 개요를 짜느라 힘들고, 결국 글도 안 쓰게 된다. 글의 종류를 잘 모른다면 있었던 내용과 그 내용을 읽은 느낌 2가지만 써보기를 권한다. 모든 에세이는 있었던 사건과 느낌이 기본이다. 연습에 도전하고, 블로그에 온 가족이 글을 올리다 보면 글 쓰는 습관이 빨리 훈련될 수 있다.

제목 중에 하나를 골라 딱 10줄만 써보자

경험과 독서감상 등 다양하게 쓴 글을 모아둔다. '글쓰기는 스포츠다'라고 사이토 다카시(齋藤孝)가 말했듯 스포츠와 글쓰기는 절대 연습 없이 하루아침에 되지 않는다. 그러나 글쓰기는 누구나 훈련만 하면 문장력이 좋아질 수밖에 없다. 글 쓰는 실력이 되면 독서수준도 신장되고, 생각을 구조화하는 능력, 사고력도 높아질 수밖에 없다. 글쓰기는 생각하는 힘이 없이는 어려운 작업이기 때문이다. 어느 정도 글쓰기가 익숙해지면 개요를 짜고 10줄을 쓰는 연습을 하도록 한다. 그림일기(유치원)에서 일기(초등학교), 생활문(초등학교), 수필(중·고등학교)로 발전하는 글이 경험을 살려 쓰는 에세이로 발전된다.

생각할 것	내용 쓰기
무엇을 쓸까?	
떠오르는 단어 쓰기	
단어를 활용해서 상황 쓰기	
나의 생각이나 느낌 쓰기	

　　글쓰기를 계획하고, 글의 종류를 정하며, 참신하게 바꾸는 작업은 이후 퇴고 작업에서 하도록 한다. 다 써둔 글에서 어색한 단어는 다른 단어로 바꾸고 내용을 보완하면 더 좋은 글로 바뀌게 된다. 그러니 인터넷을 이용하고, 다른 책을 살펴보고 사전을 찾아보며, 더 좋은 단어를 활용하는 방법도 좋다. 모든 글쓰기는 단순한 구조라도 쓰기 시작하는 것이 가장 중요하다.

6장

부모와 함께하는 진로·
진학의 길(진로·진학 역량)

자녀의 든든한 지원군 되기

1. 진로를 찾아 떠나는 자녀에게 지원군이 되어라

자녀의 진로나 직업을 결정하는 일은 참으로 어려운 일이다. 부모들의 가장 큰 걱정거리이기도 하다. 그래서 대부분 자녀들이 안정적이라고 여겨지는 공무원이 되기를 바라는지도 모르겠다. 그렇다고 국민 모두가 공무원이 될 수도 없고, 되어서도 안 되지 않을까? 누군가는 농사를 지어야 하고, 누군가는 집을 지어야 하며, 누군가는 옷이나 공산품을 만들어야 한다.

진로나 진학에 대한 입장의 차이가 자녀와 갈등을 빚는 시작이 되곤 한다. 상담을 하다 보면 부모와의 갈등으로 힘들어 하는 학생들이 제법 많다. 대부분의 부모들은 '무조건 이런 사람이 되어라', '이런 직업을 가져라'라고 하며 일방적으로 지시한다. 아니면 '네가 하고 싶은 것 해'라며 '자유'를 빙자한 방임을 한다. 지시하는 것도, 무조건 네가 알아서 하라고 방치하는 것도 올바른 부모의 역할은 아니다. 부모는 자녀가 주도적으로 자신의 진로를 찾아 떠나는 길에 든든한 지원군이 되어 주어야 한다.

자녀들의 진로와 진학을 지원하기 위해 먼저 세상이 어떻게 변하고 있는지 알 필요가 있다. 부모들이 어릴 때 만났던 세상과 경제생활을 하는 지금의 세상은 확연히 다르다. 미래의 변화에 대한 이해를 한다면 자녀들에게 힘을 주고 길을 안내할 수 있다. 한때는 잘나가는 직업이 홀연히 사라지는가 하면, 새로운 직업들이 속속 나타나고 있다. 1980년대에 수의사는 그렇게 인정받는 직업이 아니었지만, 지금은 의사와 맞먹는 인기를 누린다. 버스 안내원이 없어졌지만, 드론 조종사나 자율주행차 정비공이라는 직업이 생겼고, 고속도로 톨게이트나 대형마트의 계산도 사람에서 기계로 대체되고 있다. 소비패턴도 오프라인에서 온라인으로 급격히 이동하면서 플랫폼(Platform) 기반 업계의 주가는 하늘로 치솟고, 오프라인 매장은 울상이 되었다. 요즘 잘나가는 직업이 우리 자녀들이 살아갈 미래에도 잘나가리란 보장이 없다.

방송이나 책에서도 인공지능으로 대체될 수 있는 대부분의 일자리는 사라질 것이라는 전망을 내놓고 있다, 우리가 상상도 할 수 없는 엄청난 속도로 밀려오는 변화의 물결을 우리 자녀들은 어떻게 감당해내야 할까? 그 물결에 휩쓸리지 않으려면 한 가지 직업을 고수하기보다는 시대의 변화에 유연하게 대처할 수 있어야 한다. '사라지는 직업'과 '살아남을 직업'을 이분법적으로 제시하기보다 직업적 본질을 찾고, 유연함과 미래 역량을 키울 수 있도록 안내해야 한다.

미래는 어떻게 변할까?

1. 미래 사회의 특징은 무엇일까?

최근 50년은 인류의 역사 가운데 가장 큰 변화를 겪고 있다. 다가오는 4차 산업혁명시대는 중국 IT기업의 신화를 낳은 리 카이푸(李開復)가 역설한 것처럼 정말 예측할 수 없는 사회가 될 것이다. 컴퓨터나 인공지능이 할 수 있는 기계적인 일은 모두 컴퓨터나 AI가 대체할 전망이다. 그는 한 분야에 매우 뛰어난 전문가들과 기계들이 할 수 없는 미세한 작업을 요하는 단순 직종만이 인간의 일로 남을 것이라고 말한다. 요리나 외과수술 등 일반화나 표준화가 가능한 일들은 AI가 대신할 것이다. 현금이 필요 없는 핀테크(Fintech) 시스템은 이미 중국 등 많은 나라에서 서서히 보편화되고 있다.

부모는 자녀들이 제대로 취업을 하지 못할까 걱정한다. 지금의 초등학생이나 중학생들은 부모들이 생각하는 만큼 심각한 취업난을 겪지 않을 수도 있다. 급속도로 인구 증가율이 낮아져 베이비붐 세대의 경제활동이 끝날 무렵인 10여 년 뒤에는 일자리가 넘쳐날 것이라고 경제학자들은 전망한다. 그러니 자녀들이 무엇을 해서 먹고살까 하는 고민을 하지 않아도 된다. 이미 일본은 초고령화 시대에 직면해 저성장과 구인난에 허덕이고 있다. 경제활동 인구가 급격히 줄어드는 2030년 정도가 되면 우리나라도 구인난에 허덕일지도 모른다.

2. 미래 사회의 일자리와 전망 알아보기

'로봇이 만들어내지 못하는 것'을 만들어낼 수 있는 영역이 바로 우리가 주목해야 할 분야다. 로봇이 인간보다 언어, 논리적 추론, 연산 등에서 뛰어날 수 있지만, 따뜻한 감성과 생각을 예술로 표현하는 것은 인간이 월등하다. 따라서 미래 사회에서는 로봇이 할 수 없는 영역인 예술성을 부여해 '가치'를 높일 수 있는 일자리가 인간들에게 남겨질 가능성이 크다. 다음은 4차 산업혁명과 미래 사회의 핵심 키워드들이다. 이들을 잘 살펴보면 우리 자녀들이 살 세상이 어디로 흘러갈 것인지 짐작할 수 있다.

사물인터넷(IoT), 빅데이터, AI, 로봇, 커스터마이즈(Costomize), 웨어러블(Wearable), 셰어링 이코노미(Sharing economy), 핀테크(FinTech), 스마트팜(Smart farm), 가상 현실, 자율주행, 드론, 3D프린팅, 에듀테크(Edutech)

미래에 전망 있는 직업들은 어떤 것들일까? 고령화 시대에 걸맞게 건강 바이오산업, 실버산업의 전망이 좋다. 미를 추구하는 뷰티산업, 인간의 감성과 관련된 직종, 우주항공, AI 및 로봇산업, 데이터 관리, 사이버 보완 관련 등이 유망 직종으로 이야기되고 있다. 다음 직종들을 살펴보면, 미래에는 어떤 직종들이 주류를 이룰 것인지 짐작할 수 있다. 다음은 커리어넷에서 제공하는 미래 직업들이다.

미래 직업	하는 일	관련 직업
드론 콘텐츠 전문가	드론을 조종하는 일, 드론을 이용해 다양한 콘텐츠를 만들어내는 일.	드론 개발자, 문화 콘텐츠 전문가, 방송 연출가, 공연 기획자, 기획자, 작가, 연출가, 영상 기술자 등.
디지털 포렌식 수사관	휴대폰·PC·서버 등에서 데이터를 수집하고 분석해 범죄 수사에 활용.	(해양)경찰청, 검찰청, 국방부, 국정원 등의 수사기관에 소속되어 있는 직업들과 공조.
디지털 큐레이터	인터넷에서 내가 원하는 정보를 찾아주는 일.	소셜 큐레이션 서비스 기획자, 웹 서비스 기획자, 모바일 서비스 기획자, 큐레이터, 사서 등.
인공지능 전문가	스스로 사고하고 추론하는 능력을 가진 컴퓨터 시스템 개발.	정보통신기술(ICT) 분야의 직업인 소프트웨어 개발, 시스템 설계 및 프로그램 개발, 응응 프로그램 개발자, 소프트웨어 엔지니어, 시스템 개발자, 웹 디자이너, 컴퓨터 게임 디자이너 등.

미래 직업	하는 일	관련 직업
곤충 음식 개발자·조리사	인류의 미래 먹거리를 책임 지는 일.	음식 서비스 분야의 요리 연구가, 한식·중식·일식·양식 조리사, 공학 분야의 식품공학 기술자 등. 곤충에 관한 지식을 얻기 위해서는 동물자원 과학연구원을 비롯한 생명과학 연구원의 도움을 받고, 새로운 분야에서 창업을 하려면 창업 컨설턴트의 전문적인 조언을 받을 수 있음.
신재생 에너지 전문가	지구를 살리는 착한 에너지를 자연에서 찾는 일.	태양광발전 기술자, 풍력발전설비 기술자, 지열발전설비 기술자, 에너지공학 기술자, 전기공학 기술자, 바이오에너지 생산시스템 기술자, 에너지공학 기술자 등. 광산, 석유, 가스 등의 에너지 사업을 위해 다양한 조사와 분석을 하고 에너지와 관련된 기술을 연구 개발함.
무인자동차 엔지니어	운전자의 조작 없이도 스스로 도로 상황을 파악해 목적지에 도착할 수 있도록 하는 일.	자동차 엔지니어, 소프트웨어 개발자, 빅데이터 전문가, 인공지능 전문가 등.
로봇 윤리학자	인간을 위해 로봇들이 지켜야 하는 행동규범을 만드는 일.	로봇의 행동 범위가 늘어날수록 관련 법률을 만들거나 제도를 제대로 갖출 필요가 있으며, 이에 따른 관련 직업이 필요.
바이오 의약품 개발 전문가	생명체에서 얻은 물질을 이용해 인간을 치료하는 약 개발.	대학이나 석·박사 이상의 학력이 필요하며, 관련 전공을 공부한 뒤 의약품을 개발하거나 만드는 분야에서 연구자로 일할 수 있음. 또한 식품이나 화장품 등 화학제품을 개발하거나 제조하는 업무도 관련성이 높음.
생체인식 전문가	사람 몸의 특정 부분을 이용해 비밀번호 장치를 만듦.	생체 인식 시스템 개발자로 불리기도 하며, 지문인식 전문가, 얼굴인식 전문가, 서명인식 전문가, 손 구조인식 전문가, 제스처인식 전문가, 홍채인식 전문가, 정맥인식 전문가 등.
사이버 평판 관리자	온라인 세계에서 좋은 이미지를 구축하고 문제를 해결하는 일.	사이버 평판 관리자는 미디어 분야의 직업인 미디어 콘텐츠 창작자, 소셜 미디어 분석가 등의 직업과 관련성이 높음.
빅데이터 전문가	빅데이터를 분석하면서 새로운 것들을 발견하고 미래를 예측하는 일.	빅데이터 전문가는 거의 모든 분야의 기업에서 내·외부 데이터를 이용해 분석하고, 기업 경영에 도움이 되는 정보를 만들어 제공함. 정보통신기술(ICT) 분야의 직업인 컴퓨터 시스템 설계 분석가, 시스템 소프트웨어 개발자, 응용 소프트웨어 개발자 등.

미래 직업	하는 일	관련 직업
생물정보 분석가	인간은 물론, 동식물의 유전자 속 정보를 수집하고 분석하는 일.	생명공학을 기초로 하는 학문의 교수나 연구원, 의료진, 신약 개발자, 의료기기 개발자, 소프트웨어 개발·운영자 등.
사물인터넷 전문가	모든 사물에 인터넷을 연결해 새로운 가치나 서비스를 창출하는 일.	정보통신기술(ICT) 분야의 직업인 컴퓨터 프로그래머, 컴퓨터 보안 전문가, 네트워크 시스템 개발자, 통신공학 기술자, 가전제품 개발자, 사물인터넷 표준 전문가 등. 사물인터넷 기술은 다양한 분야의 기술이 융합되므로 스마트폰 애플리케이션 개발자, 빅데이터 전문가, 클라우드 컴퓨팅 개발자, 스마트 시티 개발자, 스마트 빌딩 개발자 등 여러 분야의 사람들과 함께 일을 하게 되는 경우가 많음.
크라우드 펀딩 전문가	소셜미디어나 인터넷을 활용해 자금을 모으는 크라우드 펀딩 운영.	투자 운영을 담당하는 금융자산 운용가, 금융 시장에서 손해 볼 수 있는 위험성을 분석하고 통제하는 일을 하는 리스크 매니저, 벤처기업을 키우고 기업을 시장에 공개해 투자한 금액을 돌려주는 일을 하는 투자 인수 심사원(투자 언더라이터)등.
스마트 재난 관리 전문가	스마트 기기를 활용해서 재난을 효과적으로 대응.	재난 관련 소프트웨어 기획자 및 개발자, 방재 전문가, 소방관 등.
스마트 그리드 엔지니어	값비싼 전기를 효율적으로 생산하고 소비하는 일을 책임짐.	전기공학 기술자, 발전장치 조작원, 송배전 설비 기술자 등. 전기공학 기술자는 전기를 생산하고, 옮기며, 소비하는 데 필요한 설비, 장비, 부품 등을 연구·개발함. 발전장치 조작원은 전기를 생산하고 다른 곳으로 보내는 기계 장비를 조작함. 송배전 설비 기술자는 발전소에서 생산한 전기를 변전소와 가정, 공장까지 보내는 장치와 시설을 개발하고 관리함.
가상현실 전문가	IT 기술과 디자인으로 상상의 세계를 현실로 표현.	컴퓨터 시스템설계 분석가, 시스템소프트웨어 개발자, 응용소프트웨어 개발자, 컴퓨터 프로그래머, 디지털 영상처리 전문가, 게임 프로그래머, 데이터베이스 개발자, 네트워크 관리자, 웹 프로그래머, 정보시스템 운영자, 웹마스터, 통신 장비 기사 등.
스마트 팜 구축가	농작물을 언제, 어디서든지 관리할 수 있는 지능화된 농장을 만드는 일.	농업기술자, 작물 재배 종사자, 농업용 기계 정비원, 과수 작물 재배원, 스마트 팜 운영자(스마트 파머) 등. 스마트 팜 운영자는 스마트 팜 구축가가 만든 농장에서 다양한 정보통신기술을 이용해 실제로 농사를 짓는 농민(축산업, 양식업 포함)을 말함.

미래 직업	하는 일	관련 직업
스포츠심리 전문가	운동선수들의 마음 건강을 보살피는 일.	스포츠 카운슬러, 상담 전문가, 임상심리사, 운동처방사, 심리학 연구원 등. 스포츠와 관련된 분야의 운동선수, 감독 및 코치, 운동선수 트레이너, 스포츠 에이전트, 운동선수 매니저와 같은 사람들과 함께 일을 함.

참고 : 커리어넷, 직업 하과 정보, 미래 직업 가이드북

부모들은 기계화, 인공지능 로봇 때문에 대부분의 직업이 사라질 것이라고 걱정한다. 맞는 말이다. 지금 부모들이 당연하게 여기던 대부분의 직업이 사라질 가능성이 매우 높다. 그러면 우리 자녀들은 무엇을 하고 살아야 할까? 하지만 크게 걱정할 필요는 없다. 50여 년 전에 흔했던 직업들이 대부분 사라졌지만 훨씬 더 많은 직업이 생겨난 것처럼, 많은 직업이 사라지지만 더 많은 직업이 창출될 것이라고 미래 학자들은 말한다. 앞서 보다시피 이름조차 생소한 직업들이 많다. 또 어떤 직업들이 생겨날지 알 수 없다. 따라서 부모들은 자녀가 엄청난 속도로 변하는 세상에 잘 대처할 수 있는 미래 인재로 성장할 수 있도록 지원해야 한다. 아니, 새로운 가치와 직업을 만들 수 있는 인재로 키워야 한다. 더 많은 미래의 직업에 대해 알아보고자 한다면 커리어넷에서 확인할 수 있다.

03

미래 사회 대비를 위해
자녀와 함께 떠나는 진로탐색 여행

1. 자녀의 특성 제대로 파악하기(자녀 이해)

　　종례를 하러 들어갔는데 한 아이가 뜨개질을 열심히 하고 있었다. '세이브더 칠드런' 캠페인에 참여하기 위해 뜨개질을 한다고 한다. 그 학생은 조례, 종례를 들어갈 때마다 손에 뭔가를 들고 만들고 있다. 그래서 행동특성과 종합의견란에 그 학생의 소질과 재능을 아주 구체적으로 기록할 수 있었다.

　　어떤 학생은 볼 때마다 책을 손에 들고 있는가 하면, 어떤 학생은 볼 때마다 그림을 그리고 있다. 심지어 필자의 카톡 프로필 사진을 보고 초상화를 그려주는 아이도 있다. 어떤 친구는 학교 급식표를 조그마한 책자로 만들어 학생들이나 선생님에게 판매를 한다. 물론 그 수익금으로 기부를 한다.

　　그런 장면은 수시로 누가기록 되며, 선생님들에게 이미지 메이킹(Image

*making*이 확실히 된다. 김 아무개 하고 이름을 들으면 그 이미지가 떠오른다. 당연히 학생부 기록을 줄줄 작성한다. 그런데 머리를 쥐어 짜내야 겨우 한두 줄밖에 쓸 말이 없는 학생들이 많다. 그래서 학생들에게 말하곤 한다.

"애들아, 너희들은 모두 자신만의 재능과 소질이 있어. 제발 그것들을 나에게 들켜 봐."

조례 시간마다 헐레벌떡 뛰어 들어오거나, 수시로 왜 학교에 안 오느냐고 전화를 해야 하는 학생들에게는 성실하고, 자기관리 역량이 높은 학생이라는 말이 안 나온다. 수업시간은 물론 조례시간, 종례시간에 매일 엎드려 자고 있는 학생들에게는 도대체 무슨 말을 써야 할까?

어느 날 학교 뒤뜰에서 세미 콘서트가 있었다. 우리 반 아이가 참석한다고 하기에 갔다. 그런데 이게 웬일인가? 매시간 엎드려 자느라 수업시간에 얼굴도 기억 못했던 학생이 얼마나 바이올린을 멋지게 켜던지… 마치 유진 박의 콘서트를 보고 있는 착각이 들 정도였다. 다음 공연이 시작되기 전에 막간을 이용해 댄스 공연이 있었다. 세상에, 내 수업시간에 단 한 번도 얼굴을 들지 않았던 친구가 유명 걸그룹처럼 춤을 추었다. 그들은 재능이 없는 학생들이 아니었다. 단지 인지적인 것이 아니라 감성과 마음으로, 몸으로 우리에게 감동을 주는 뛰어난 소질과 재능을 가진 학생들이었다.

TV를 돌리다 우연히 〈슈퍼밴드〉를 보게 되었다. 그것은 필자가 학생들을 다른 시각으로 보는 큰 계기가 되었다. '정말 사람들은 각자 다른 재능과 능력을 타고나는구나. 우리 학생들 모두 각자 어느 분야에서 큰 재능을 발휘할 수 있는 잠재력이 있겠구나' 하고 교과 성적 외에 학생들 개개인의 특기와 재능을 살펴보게 되었다.

〈슈퍼밴드〉는 얼마 전 성황리에 종영된 JTBC의 예능프로그램 중

하나로 최고의 밴드를 뽑는 경연 프로그램이다. 큰 상금과 특혜가 주어졌고, 정말 많은 사람들이 참여했다. 기타나 베이스, 드럼 같은 팝 음악 악기들뿐만 아니라, 바이올린, 첼로 등 갖가지 클래식 장비들을 연주하는 다양한 사람들이 참가해서 자신들의 재능을 마음껏 발휘했다. 그들은 정말 천재였다.

기타를 자유자재로 가지고 놀며, 어떤 곡이든 한 번 들으면 연주하는가 하면, 생전 듣도 보도 못한 세계 각국의 악기들을 연주하는 사람, 방구석에 틀어박혀 두문불출했지만 와인 잔을 전기와 연결해 악기로 사용하는 등 온갖 사물을 이용해 음을 만들어내는 사람, 어떤 어려운 상황에서도 멋진 공연을 만들어내는 프로듀싱 능력자들, 절묘한 편곡 능력과 감성을 자극하는 창의력과 절대 음감의 소유자 등 정말로 다양했다. 그들은 근접할 수 없는 음악 천재들이었다. 그들은 아마 공부를 못한다고 학교에서 주목을 받지 못했을 것이며, 부모님에게조차 제대로 인정받지 못했을 것이다. 그런데 그 프로그램에서는 그들의 천재성을 마음껏 발휘했다.

미술적 재능은 과제수행이나 학습활동 중 그 결과를 이미지로 표현하는 경우가 더러 있어서 그나마 파악이 쉽다. 그런데 음악적 재능은 관찰이 어렵다. 더욱이 성적이 좋지 않은 학생은 쉽게 자신감을 잃고 나서기를 꺼린다. 많은 학생들이 학교나 선생님, 그리고 부모에게 부정적인 감정을 가지고 있다. 자신이 잘 못하고 하기 싫은 것을 억지로 시키고는 잘 못한다고 야단을 치기 때문이다. 이제는 그들의 마음을 약간이나마 이해하게 되었다.

이 세상 모든 사람들은 저마다 타고난 재능과 소질이 있다. 그 소질을 발견하게 하고, 그 재능을 발휘할 수 있도록 돕는 것이 바로 진로탐색의 길에서 해야 할 부모의 역할이다. 과도한 푸시ᅵ를 하기보다는 아이의 소질과 특성을 잘 관찰해야 한다. 그림을 잘 그리지 못하는 사람에게 그림을 잘 그리라고 계속 푸시하면 자신감을 잃을 것이다. 심지어 자책감과 자괴감까지 든다. 그러면 점차 다른 것들도 싫어하게 된다. '나는 원래 못하는 아이야' 같은 무기력을 학습하게 된다. 이를 피하고, 자녀와 함께 진로탐색을 하기 위한 준비에 대해 알아보자.

자녀의 성격과 심리유형을 파악하자

성격이나 심리유형은 진로와 직업선택에 아주 중요한 요소다. MBTI 검사성격유형지표검사 나 에니어그램9가지 심리 및 성격유형, 커리어넷www.career.go.kr 에서 진로심리검사를 이용해 종합적인 자기 이해를 할 수 있다. 특히 커리어넷에서는 다양한 진로교육과 관련된 자료들뿐 아니라, 직업, 대학 학과 정보를 제공하고 있으며, 진로상담도 무료로 제공한다. 학교에서도 진로활동시간이나 단체로 실시하는 여러 가지 검사가 진행되며, 그 결과가 가정에 통보가 된다. 그럴 때 자녀와 함께 결과지를 보고, 자녀의 특성을 이야기하며, 자기 이해를 돕는 것도 좋은 방법이다.

자녀의 소질과 재능을 관찰하자

소질과 재능은 크게 몸으로 하는 활동, 인지적으로 하는 활동, 가슴(마음)으로 하는 활동으로 구분해 관찰하면 된다. 관찰을 통해 잘 드러나지 않는다면 커리어넷의 진로적성검사나 아로플러스 종합검사를 통해 자녀의 적성과 가장 알맞은 관련 직종들을 찾을 수 있다. 이런 검사들은 관련 사이트(커리어넷)에서 무료로 검사할 수 있다.

자녀가 진로에 대한 두려움과 만나고 친숙해지도록 격려하자

진로탐색을 위한 일부 경험들은 때로는 자신에 대한 고정관념을 형성하거나, 왜곡된 생각을 만들어내기도 한다. 한 번의 경험으로 '나는 이 일에 적성이 안 맞아' 하고 단정 짓거나, 멋지다고 생각한 것에 꽂혀 '난 무조건 가수가 될 거야'라며 옆도 안 돌아보는 학생들이 간혹 있다. 무슨 일을 해야 할지 꿈이 없는 학생들도 어려움이 있지만, 지나친 편견으로 고정관념을 가지는 것도 진로탐색에 장애가 될 수 있다. 그래서 한 번의 경험으로 진로를 쉽게 결정하기보다는 장기적으로 마음을 열고, 꾸준히 진로탐색을 할 수 있도록 기회를 제공해야 한다.

자신의 정체성이나 자기 이해에 미숙한 청소년들은 불확실한 미래에 대한 두려움과 막연한 불안으로 초조해한다. 두려움이나 걱정이 없는 환경을 만들어주기보다는 그런 불안과 친해지고, 익숙해지게 해야 한다. 자신의 미래나 진로에 대해 불안하고, 초조한 것은 너무나 당연하다. 불안과 두려움을 만나게 해보자. 두려움의 원인을 이해하고, 받아들이는 과정에서 스스로 강해진다. 또한, 진로에 대한 동기가 부여되기도 하고, 자신의 진로가 더 선명해진다. 많은 예를 통해 꿈은 이루어지는 것이 아니라, 이루는 것임을 일깨워 주는 것이 중요하다. 자녀를 자랑스럽게 여기고, 든든한 지지자가 되어 준다면 아이는 자신감을 가지고 두려움과 친해질 수 있다.

누구나 실패를 경험해보지 않은 사람이 없지만, 그 실패를 딛고 아무나 성공하지는 않습니다. 실패를 디딤돌로 다시 일어설 수 있는 힘의 배경에는 부모의 격려로 커 온 자신감과 두려움과 맞서는 힘이 있습니다.

크리스틴 울머(Kristen Ulmer)[14]

크리스틴 울머는 《두려움의 기술》에서 앞과 같이 말했다. 크든, 작든 실패는 사람을 힘들게 한다. 똑같은 실패를 하더라도 사람마다 충격의 강도가 다르다. 별것 아니라고 금방 일어서는 사람이 있는 반면, 그 힘에 못 이겨 주저앉는 사람이 있다. 그 차이가 바로 성공과 실패의 차이다. 성공하는 사람은 다시 일어서는 사람이다. 다시 일어서는 힘, 그것이 마음의 근육이다. 마음 근육의 탄력성으로 다시 시도할 에너지를 얻는다. 마음의 근육은 부모의 격려와 지지에서 나온다. 실패를 했을 때 사실 실패 그 자체보다는 부모의 꾸지람이나 실망의 눈빛이 자녀를 더 힘들게 한다. "너는 그것도 제대로 못하니?"라는 말에 자녀는 좌절하고, 자신감을 잃는다. "처음에는 누구나 힘들

14. 크리스틴 울머 지음, 한재호 옮김, 《두려움의 기술》, 예문아카이브, 2018 참조

단다. 하지만 다시 하면 잘할 수 있을 거야"라는 격려가 다시 시도할
힘을 준다. 그런 격려와 지지가 마음의 근육을 만든다. "힘내. 누구나
그런 실패를 한단다. 그건 좋은 경험이야. 엄마 아빠도 그랬어"와 같
은 한마디가 필요하다.

2. 자녀와 쉽게 할 수 있는 진로탐색 매뉴얼

"엄마, 저기는 뭐하는 데야?"
미용실 앞의 빙빙 돌아가는 간판을 보고 7살 아이가 묻는다.
"응, 미용실이야. 사람들의 머리를 예쁘게 해주는 곳이야."
"그럼 여기는 뭐하는 곳이야?"
"응, 거기는 예쁜 옷을 파는 곳이네."
"그럼 저기는?"
"거기는 은행인데 돈을 저축하기도 하고, 빌려주기도 하는 곳이란다."
"그럼 은행은 돈이 많아?"
"응, 많지."
"그럼 여기는 뭐하는 곳이야?"
로터리를 돌자 읍사무소가 나온다.
"응, 여기는 읍사무소라는 곳인데 사람들이 편리하게 잘 살 수 있도록 도와주
는 곳이야."
"그럼 저기는?"

"저기는 경찰서야. 잘못을 저지른 사람들을 잡아가는 곳이지. 우리 앞집 아저씨가 저서 일하는 경찰관이잖아."

　　"아, 그래? 잘못하면 안 되겠다. 히히. 그럼 그 뒤에 높은 건물은 뭐야?"

　　"응, 저건 병원이야. 저렇게 빨간색 또는 초록색 십자가가 있는 건물은 병원이야. 의사들이 아픈 사람들을 치료해서 안 아프게 하는 곳이지."

　　"그렇구나. 그럼 그 옆은?"

　　"저기는 약국. 병원에서 처방받은 약을 사는 곳이야."

　　"그럼 그 옆은?"

　　아이는 끝없이 물어본다. 몇 번을 대답해주다가 지친 나머지 그만 다음과 같이 말하면서 아이의 입을 막아버렸다.

　　"응. 여기부터 저 끝까지 쭉 모두 식당이야."

　　아이를 키우다 보면 누구나 한 번쯤 겪는 친숙한 이야기일 것이다. 사실 자녀들은 스스로 진로탐색의 길을 걷고 있는 것인지도 모른다. 특별한 장소가 아니라 지나가는 골목길 또는 여행길에서. 그런 길에서 부모들은 적절히 안내자 역할을 하면 된다. 한쪽으로 치우쳐 부모의 견해를 주입시키기보다는, 조금은 떨어져 객관적인 위치에서 말이다. 어릴 때부터 중학교까지 자녀가 자기 이해를 제대로 할 수 있도록 함과 동시에 꾸준한 진로탐색을 할 수 있도록 도와야 한다. 진로탐색을 충분히 하지 못하고 고등학교에 진학하면 방황하는 경우가 많다. 중학교에 자유학기제와 자유학년제가 있는 이유이기도 하다. 자신의 특성을 고려해 충분한 진로탐색의 시간을 갖자는 취지다. 자녀와 함께 진로탐색을 꾸준히 해야 한다. 학생들이 경험하지 않고, 스스로 진로를 찾기는 너무 어렵다. 실제로 보고 경험을 하다 보면 어느 분야에든 관심과 흥미를 보이는 데가 있다. 진로나 직업 탐색은 부모와 함께 직접 체험하는 것이 가장 좋다. 부모들이 시간이 많지 않다면 다양한 사이트를 이용할 수 있다. 커리어넷이나 한국직업능력개발원 사이트에 들어가면 직업과 관련된 많은 자료가 있다. 자, 이제 자녀에 대해 더 구체적으로 알아보자. 그리고 자녀와 함께 쉽게 할 수 있는 진로탐색활동을 찾아보자.

어떤 특성을 보이는지 기록하자

좋아하는 책이 인문, 사회 분야인가? 수학, 과학 분야인가? 역사 분야인가? 예체능 분야를 좋아하는가? 우리 아이가 몸으로 배우고 활동하는 것을 좋아하는가? 인지적인 것을 통해 잘 배우는가?

간단히 할 수 있는 우리 아이 특성 파악하기 체크리스트

무엇을 배우길 좋아하는가?	관심분야, 특성	잘함	못함
	음악 분야		
	미술 분야		
	체육 분야		
	어학, 인문, 심리, 역사		
	수학, 과학 공학		
	사회과학, 정치, 경제		
	조용하고 신중함.		
	적절히 의사표현을 함.		
	말이 많고 사회성이 좋음.		

좋아하고 잘하는 것을 계속 계발할 수 있도록 지원하자

못하는 것을 보충하는 것도 필요하지만, 잘하는 것을 격려하는 것이 더 중요하다. 어느 한 분야에 자신감을 가지게 되면 다른 분야에도 쉽게 도전한다. 자신이 어렵고 힘들어 하는 분야의 공부를 과하게 밀어붙이면 쉽게 자신감을 잃게 된다. 자신감이 없고 무기력하면, 쉽게 할 수 있는 것도 시도하지 못한다. 좋아하고 잘하는 것을 계속 계발하고 잘할 수 있도록 지원하자. 잘하는 것은 구체적으로 칭찬하고, 도전과제를 제시하자. 잘하는 것은 조금 어려운 도전과제를 제시할 때 더 재미를 느끼게 되며 성취감이 더 크다. 그다음 힘들어 하는 것을 쉬운 것부터 하게 하자.

우리 동네 간판과 직업을 진로탐색의 기회로 활용하자

자녀들의 학교 가는 길이나 집 주변 거리는 좋은 직업체험의 장소가 된다. 초등학생 때는 호기심이 많아 모든 것이 신기하다. 거리의 간판을 보고 그 건물이 어떤 회사나 가게이고, 어떤 일을 하는 곳인지 살펴보는 것은 훌륭한 진로탐색이다. 특히 우리 동네 사람들이 어떤 일을 하고 있는지 알아본다면 훨씬 친숙하게 다가올 수 있다. 아이의 질문에 귀찮아 하지 말고 성의껏 답해주어야 한다.

TV 프로그램이나 책을 활용해보자

어느 정도 생각하고, 표현할 수 있으면 꿈에 대한 대화를 나누어

보자. 빠르면 초등학교 저학년, 늦어도 중학교 정도면 관심이 있는 분야가 생긴다. 어떤 사람이 되고 싶은지, 어떤 일을 하고 싶은지 말이다. 막연하게 하는 것보다는 TV나 책에 등장하는 인물에 대해 이야기를 나누는 것이 좋다. 특히 자녀와 같은 책을 읽고, 주인공이나 주위 인물들이 어떤 사람이며, 어떤 일을 하는지부터 시작하면 접근하기 쉽다. 다양한 캐릭터와 다양한 직업을 접할 수 있는 매우 유용한 TV프로그램이 많다. 캐릭터에 대한 이야기를 통해 "만약 너라면 어떻게 하겠니?"와 같은 질문을 하면, 자기 이해뿐 아니라 자신의 역할도 함께 성찰하는 기회가 된다.

1타입(개혁자) : 완벽을 추구하는 사람
2타입(조력자) : 타인에게 도움을 주려는 사람
3타입(성취인) : 성공을 추구하는 사람
4타입(예술가) : 특별한 존재를 지향하는 사람
5타입(탐구자) : 지식을 얻고 관찰하는 사람
6타입(충성인) : 안전을 추구하고 신중한 사람
7타입(열정인) : 즐거움을 추구하고 계획하는 사람
8타입(지도자) : 강함을 추구하고, 자기를 주장하는 사람
9타입(조정자) : 조화와 평화를 바라는 사람

3. 자녀의 직업가치관 알아보기

적성만큼이나 중요한 것이 직업가치관이다. '직업가치관'이란 직업생활을 통해 충족하고자 하는 욕구, 또는 상대적으로 중요시하는 것을 의미한다. 진로를 선택하는 데 있어 적성을 파악하는 것이 중요하듯, 자신의 직업가치관을 인지하는 것도 필요한 과정이다. 직업과 관련된 다양한 욕구와 가치에 대해 알아보자. 자녀가 무엇을 얼마나 더 중요하게 여기는지 살펴보고, 그 가치를 충족할 수 있는 직업에 대해 탐색해야 한다. 자녀와 함께 다음 가치관에 대해 선호하는 순위를 매겨보자.

가치관	직업가치의 의미	관련 직업	선호도 순위
사회봉사	다른 사람에게 도움을 주는 일을 좋아해요.	소방관, 성직자, 사회복지사, 간호사	
보수	노력한 만큼 충분한 보상이 주어져야 좋아요.	프로운동 선수, 투자 중개인, 회계사, 은행원, 금융운용가	
안정성	치열한 경쟁보다는 꾸준히 안정적으로 일하고 싶어요.	공무원, 기술자, 약사	
자아성취	능력과 소질을 꾸준히 계발할 수 있는 일이 좋아요.	교수, 연구원, 관리사, 연주자	
자율성	나만의 방식으로 자유롭게 일하는 게 좋아요.	예술가, 영업원, 레크리에이션 진행자	
능력발휘	직업을 통해 나의 능력을 발휘하고 성취감을 얻는 것이 좋아요.	통역사, 개발자, 국가대표, 천문학자	
사회적 인정	많은 사람에게 주목과 인정을 받고 싶어요.	판사, 정치인, 연예인, 파일럿	
창의성	혁신적인 아이디어로 새로운 시도를 하는 일이 좋아요.	발명가, 디자이너, 예술가, 마술사	

* 자신이 고른 가치관과 그 이유를 적어보기(자녀)

순위	가치관	이유
1		
2		
3		

* 자신의 강점이나 흥미, 직업에 대한 편견 등을 허심탄회하게 이야기하기

자녀가 생각하는 자신의 강점	부모가 생각하는 자녀의 강점

4. 자녀와 함께 진로목표 세우기

중학교 때까지 진로탐색을 충분히 했다면, 고등학교 시기는 진로를 계획하고, 목표를 수립하는 시기다. 고등학생은 졸업 후 대학교에 진학할 것인지, 취업할 것인지 결정해야 하기 때문에 보다 상세한 정보를 바탕으로 진로에 대해 고민하게 된다.

고등학교에 진학하기 전에 진로목표를 세운다면 금상첨화다. 고등학교 3년 동안 자신의 진로에 맞게 선택과 집중을 할 수 있기 때문이다. 자신의 진로목표가 뚜렷한 아이일수록 학습동기가 뚜렷하고, 학습동기가 뚜렷한 학생일수록 학업성취도가 높다. 하지만 고등학교에 진학하기 전에 충분한 진로탐색을 끝내고, 구체적인 진로를 결정한 학생은 드물다. 구체적인 진로목표를 세우기가 어렵다면 전체적인 방향이라도 잡아야 한다.

"네 일이니 네가 알아서 해야지. 아빠도 부모가 도와준 것이 아니라 알아서 했어."

이런 말은 도움은커녕 자녀를 더 막막하게 만든다. 옛날에는 직업이 아주 제한적이었고, 적성에 상관없이 묵묵히 일을 하면 어느 정도 직업생활이 가능했다. 요즘처럼 다양한 직업과 관계가 중요한 시대에는 자신의 흥미와 적성에 알맞은 진로나 직업을 갖는 것이 자녀의 행복과 직결된다. '어떤 방향으로 진로를 잡아야 할까? 어떤 준비를 해야 급변하는 미래에 유연하게 대처할 수 있을까?'를 부모가 자녀와 함께 고민해야 한다.

다음 몇 가지 진로탐색 포인트를 명심하자.

Best 아니면 Only가 되게 하자

부모가 볼 때 잘나가는 직업을 갖도록 하기 위해 자녀를 무작정 푸시하면 안 된다. 미래 사회에서는 한 분야에서 최고인 전문가가 되든지, 유일한 사람이 되면 성공할 가능성이 매우 높다. 스스로 만들어 낸 '자신만의 가치'가 경제활동의 원천이 되는 시대다. 1인 방송, 1인 기업의 성공자들은 모두 '나만의 가치'를 창출한 사람들이다. 따라서 나의 것이 사회적으로 얼마나 가치가 있는지, 다른 사람들과 얼마나 차별화되는지, 내가 가진 능력을 사회에서 얼마나 원하는지에 대한 고민이 필요하다.

꿋꿋하게 자신의 소신을 가지게 하자

원자력이 위험하다고 원자력 발전소를 줄인다는 발표가 나자 원자력 관련 학과의 지원자가 많이 줄었다. 그 결과 대학 입학 커트라인이 크게 낮아졌다. 하지만 곧 대기오염 등의 문제로 원자력 발전소를 축소할 수 없는 상황이 되자 다시 관련 학과로 몰리기 시작했다. 같은 길이라도 누군가는 조금 쉽게, 또 누군가는 조금 어렵게 그 길을 간다. 꿈을 가지고 묵묵히 자신의 길을 가는 것이 아니라, '더 쉽게 가는 길은 무엇일까? 더 유리한 것은 무엇일까?'를 계산하다 보면 오히려 손해를 볼 수 있다.

고등학교 진학도 마찬가지다. 과학고나 외고, 자사고가 대학 입학에 유리하다는 이유만으로 진학을 한다면, 자신의 능력을 제대로 발휘하기 힘들 수 있다. 이제는 외고나 자사고가 없어지는 추세라 더욱 신중하게 고려해야 한다. 특히 과학고는 수학이나 과학에 특별한 흥미나 지적탐구심이 있고, 단순히 대학 진학보다는 과학자나 연구원을 꿈꾸는 학생들에게 유리하다. 따라서 지금 당장의 유불리보다는 진정으로 추구하는 방향으로 진로를 잡아야 한다. 그렇게 하면 지금 당장은 불리한 것 같고 너무 경쟁이 치열한 것 같지만, 자신이 가장 잘 알고, 가장 잘하는 일이라 대처가 쉽다. 자녀는 급변하는 교육제도나 사회에 불안해 할 수 있다. 이럴 때 부모가 용기를 주어야 한다. 자신이 추구하는 것이 무엇이고, 어떤 삶을 살고 싶은지 방향이 정해졌다면 묵묵히 자신의 길을 가도록 격려하자. 자녀가 소신을 가지고 꾸준히 나아가도록 도와야 한다.

의사소통 역량과 공동체 역량을 키워주자

요즘 젊은 사람들 사이에서 이직은 흔한 일이다. 이직의 이유야 많겠지만, 상사와의 불화 때문에 퇴사를 결심했다는 직장인이 의외로 많다고 한다[15]. 직장 내에서 의사소통 역량은 점점 더 중요한 요소가 되고 있다. 의사소통 역량은 집단 속에서 효율적인 업무수행, 정보공유나 의사결정을 하는 수단이기도 하지만, 인간관계를 맺는 중요한 수단이다. 인간관계는 의사소통을 통해서 이루어지고, 상호 간의 일반적 이해와 동의를 통해 업무가 수행된다. 인간관계에 의한 원활한 의사소통은 서로에 대한 지각의 차이를 좁혀

주며, 선입견을 줄이거나 제거해주어 원만한 조직생활을 도와준다.

한 설문조사 결과에 따르면, 대학생들이 가장 기르고 싶은 역량으로 의사소통 역량이 꼽혔다고 한다. 모두가 이익을 추구하는 사회와 직업집단에서 원활한 의사소통과 공동체 역량은 매우 중요한 요소다. 한 분야에서의 전문가들은 많지만, 전문가 한 사람보다는 다양한 분야의 사람들이 협업을 통해 더 큰 시너지 효과를 낸다는 것은 잘 알려진 사실이다. 또한, 아무리 힘들고 어려운 환경에서도 소통과 배려를 잘하는 공감능력이 있는 사람은 결국 살아남는다. 이러한 역량은 타고난 재능이라기보다는 살아가면서 학습되는 능력이다. 특히 유아기와 청소년기가 의사소통과 공동체 역량을 기를 가장 적기다.

자녀와 함께 진로탐색하는 Tip.

1. 자녀의 말이나 행동을 자세히 관찰해 자녀를 정확히 이해하기
2. 주위 사람들과 비교하거나 남의 시선을 의식하기보다는 자녀에게 맞는 진로 찾기
3. 자녀와 대화하며 자녀의 생각 듣기
4. 자녀와 진로에 대한 대화를 자주 하기
5. 부모의 생각을 주입하기보다는 객관적인 태도로 대화하기
6. 미래 사회의 변화나 사회에 대해 객관적인 입장으로 안내하기
7. 자녀와 함께 미래 사회의 변화에 대한 도서를 찾아 읽고 대화하기
8. 학교 선생님과 자녀에 대해 상담하기

워킹맘으로 일하는 엄마는 차치하고라도 학교에서 모든 것을 다 알아서 해줄 것이라고 생각하는 부모들이 의외로 많다. 학생들 개개인의 특성이나 흥미 적성을 고려하지 않고, 일방적인 주입식 강의를 하던 20여 년 전에는 그럴 수도 있었다. 하지만 요즘 같이 개별화, 다양화가 보편화되어 있는 학교교육에서 교사가 모든 학생들에게 맞춤형 교육을 제공해주기는 쉽지 않다. 학교에서 다양한 교육활동을 계획해 실시하고 기회를 제공하면, 자신의 적성과 흥미에 맞게 선택하고 집중하는 것은 부모와 학생의 몫이다. 물론 선생님들과 상담을 하고, 도움을 받아야 한다. 그러기 위해서 부모들은 자녀의 교육활동에 대해 학교와 멋진 공조(共助)를 이루어야 한다. 교사는 부모에게서 성격과 적성, 흥미 등을, 부모는 학교에서 활동의 성취도나 역량, 교우관계 등의 정보를 공유받아 교육의 효과를 높여야 한다. 학교와 어떻게 공조해야 할지 구체적으로 알아보자.

자녀의 학교행사에 참석하자

일부 부모는 자녀의 학교행사에 빠지는 것을 당연한 것으로 여긴다. '학교에서 모두 알아서 해주겠지'라고 생각하는 분도 많다. 학교에서 전적으로 모든 것을 책임지는 데는 한계가 있다. 따라서 학교교육과정 설명회나 공개수업 참여 등 부모가 참여할 수 있는 교육활동에 적극적으로 참여해야 한다. 그래야 자녀를 종합적으로 이해할 수 있다. 집에서 보는 자녀의 모습이 다가 아니다. 학교에서의 모습은 다른 경우가 많다. 선생님이 바라보는 객관적인 친구 관계나 학교생활은 자녀를 파악하는 데 큰 도움이 된다. 시간이 없다고 핑계대지 말자. 요즈음은 자녀 학교 관련 일로 1년에 2일 정도 연차를 쓸 수 있는 기관이 많다. 직장의 내규나 복무 관련 규정을 잘 살피면 충분히 시간을 낼 수 있을 것이다. 엄마가 안 되면 아빠가 참석하는 것도 방법이다. 학교행사에 함께 참여하는 것도 자녀의 자존감과 자신감을 올려주는 요인이 된다.

선생님에게 자녀의 장점을 알려주자

예전과 달리 학생들이 개인적으로 선생님과 접촉하는 절대적인 시간이 많지 않다. 궁금한 점은 인터넷으로 해결하고, 질문도 SNS를 통해 해결한다. 담임교사라도 조례, 종례시간이 아니면 일반 교과 선생님들과 마찬가지로 수업시간에 보는 것이 전부다. 조례, 종례시간도 학교행사나 아이들의 지각, 조퇴 등 이런저런 이유로 빠지게 되어 학급 아이들을 모두 볼 수 있는 날은 많지 않다. 선생님이 학생들과 교감하고, 관찰할 시간이 절대적으로 부족하다는 이야기다. 이런 상황에서 교사들이 학생들의 장점이나 특성을 제대로 파악하기란 쉽지 않다. 상담주간이나 교육과정 설명회에 참석해 담임 선생님과의 상담시간을 활용하자. 상담을 하는 동안 자녀의 성격이나 장점이나 특기 등을 알려주면 좋다. 교사도 학생의 특성에 맞게 지도하는 데 큰 도움이 된다. 시간 내기가 힘든 분은 전화나 편지로 상담도 가능하다.

학교에서는 정말 많은 활동들을 한다. 학교에서는 최대한 학생들의 끼와 특기, 적성을 충분히 발휘할 수 있도록 학교교육과정을 수립한다. 꼭 성적이나 대회가 아니라도 합창제나 축제를 비롯해 미니콘서트, 동아리 활동, 학생회 활동, 각종 캠페인 활동, 텃밭 가꾸기 등 기회가 무궁무진하다. 성적이 뛰어나지는 않지만, 이런 다양한 활동에서 두드러진 역량을 발휘하는 학생들이 있다. 자녀가 어떤 활동에 참여하고, 어떤 역할을 하는지 세심히 관찰해 기록을 남기게 하거나, 그 활동에 대한 이야기를 나누는 것보다 더 좋은 미래 준비는 없다. 그런 활동 중에서 가장 의미 있는 활동을 찾는다면 자녀의 진로와 연결 짓기가 쉽다.

학교와 공조하는 Tip.

1. 자녀의 학교 친구에 관심을 가지고 알기

2. 담임교사나 교과 교사에 대해 이야기 나누기

3. 학교행사에 적극적으로 참석하고 담임교사와 상담하기

4. 자녀가 적극적으로 참여하는 학교 활동에 대해 알아보고, 과정과 결과에 대해 토의하기

5. 자녀의 학교생활기록부를 잘 살펴보고 역량 파악하기

6. 자녀가 부족한 부분이라고 생각되는 부분 독서로 채우기

최상위권 몇몇 대학을 제외하고는 대입전형에서 오히려 수험생이

갑이다. 급격하게 줄어든 수험생보다 대학입학 정원이 더 많기 때문이다. 더 많은 학생을 유치하기 위해 경쟁하는 시대에 각 대학은 홈페이지에 많은 정보와 자료를 제공한다. 또한 대학의 인재상이나 특성을 명확히 제시한다. 학과와 전공과목 외에도 전공 후의 진로까지 안내되어 있다. 수시로 자녀와 함께 지원하고 싶은 대학이나 학과의 홈페이지를 방문해 살펴보자. 자녀와 함께 미리 전략을 세운다면 좋은 결과를 기대할 수 있다.

자녀와 함께 전략 세우기

꿈	성격, 적성, 흥미	가치관	관심대학이나 학과	준비해야 할 일

다음은 진로, 진학 , 직업 등 각 분야의 전문가들이 진로고민에 대해 솔루션을 제공하는 곳이다. 사이트에 접속해 자녀와 함께 진로 탐색을 해보자.

대상	초·중·고등학생
진로고민 등록기간	언제나
이용 방법	① 커리어넷의 진로솔루션 접속 • pc : '커리어넷(http://career.go.kr)' 접속 〈 '커리어넷 진로상담' 〈 '진로솔루션' • 모바일 : ② 상담주제 확인 및 관련 진로고민 등록 ③ '진로솔루션' 〈 '전문가 답변 확인하기'에서 솔루션 페이퍼 열람 ※ 로그인 없이 참여 가능

대학 진학 정보

자녀의 진학 및 취업에 유용한 정보를 제공하는 사이트다. 다음의 '진학 정보 사이트'를 확인하면 진학과 관련된 다양한 정보가 제공되고 있다. 그 밖에도 대입정보박람회나 각 대학의 대입설명회 등 직접 현장에 참가해 정보를 얻는 방법도 있다. 요즘에는 지역 교육청이나 교육단체에서 무료로 진학 콘서트 등으로 많은 정보를 나누고 있다. 진학 정보를 찾을 때는 누구를 대상으로 어느 곳에서, 언제, 어떤 목적으로 만들었는지 등을 통해 신뢰도를 꼭 확인하기 바란다.

진학 정보 사이트	주요내용
교육부(www.moe.go.kr)	입시정책 및 새로운 교육정책소식
대학알리미(www.academyinfo.go.kr)	대학의 공시정보 및 진학 정보, 취업정보 등
워크넷(www.work.go.kr)	직업·진로·학과 자료 및 진로상담
커리어넷(www.career.go.kr)	직업·진로·학과 자료 및 진로상담
한국교육과정평가원 대학수학능력시험 (www.suneung.re.kr)	대학수학능력시험의 출제 및 기출문제

진학 정보 사이트	주요내용
한국대학교육협의회 대입정보포털 (adiga.kr)	입학·대학·학과 정보 및 진학상담
한국전문대학교육협의회 입학정보센터 (kcce.or.kr)	

취업 및 창업 정보

진학을 하지 않고 취업과 창업을 하려는 자녀를 위해 관련 정보를 제공하는 유용한 사이트를 소개한다. 취업 정보뿐 아니라 이력서, 자기소개서 작성법 또는 면접 요령 등에 대해 코칭해주며 사회에 나가서 필요한 대인관계, 의사소통 등에 도움을 주는 정보도 제공한다. 취업을 희망하는 기업체에 가기 위해서 어떤 학과로 진학해야 하며, 필요한 자격증은 무엇인지에 대한 정보도 제공하고 있어 자녀의 진로계획을 세우는 데 도움을 줄 것이다. 자녀와 함께 창업 정보 사이트를 방문해 다양한 정보를 활용하기 바란다.

취업 및 창업 정보 사이트	주요내용
국제기구 인사센터 (unrecruit.mofa.go.kr)	국제기구 채용 정보 및 멘토링 프로그램 제공
기업마당(www.bizinfo.go.kr)	중소기업 종합 정보 사이트, 예비창업자 지원
워크넷(www.work.go.kr)	비영리기관을 포함한 기업 채용 정보 제공
K-스타트업(www.k-startup.go.kr)	창업 정보·창업 교육 및 창업 지원
창업진흥원(www.kised.or.kr)	예비기술창업자 육성사업 및 청소년 비즈쿨 운영
커리어넷(www.career.go.kr)	다양한 직업 동영상 및 각종 직업 정보 제공
한국고용정보원(www.keis.or.kr)	각종 직업의 업무수행능력, 임금, 전망 등 정보 제공

1. 꿈이 없다고 하는 아이

진로상담을 하다 보면 가장 많이 듣는 질문이 2가지가 있다. 첫 번째는 하고 싶은 것이 너무 많아 무엇을 해야 할지 모르겠다는 것이고, 두 번째는 꿈이 없다는 것이다. 이 2가지는 아주 다른 것 같지만, 사실 비슷한 경우일 가능성이 많다. 자녀의 성격에 따라 다르게 표현될 뿐이다. 자신감이 넘치고, 적극적인 성격의 소유자는 무엇이든 할 수 있을 것 같아서 하고 싶은 것이 많은 것이고, 반면 꼼꼼하고 완벽한 성격의 소유자는 자신에게 완벽하게 딱 들어맞는 꿈을 찾기 때문이다. 완벽하게 적성과 흥미에 맞는 꿈은 없을지도 모른다. 또한 어떤 것에 조금의 관심도 없는 경우는 없다. 완벽하지는 않더라도 어느 정도의 관심이 있는 분야가 있으면, 자녀와 함께 이야기를 나누며 그것을 꿈으로 정해 보도록 격려하자. 꿈은 그냥 가지면 된다. 꿈을 가지고 있는 친구들도 완벽하게 자신의 적성에 맞는 꿈을 가지고 있는 것은 아니다. 그리고 꿈은 언제든지 수정하고 변경해도 된다는 것을 알려주자. 그러면 꿈을 가지는 것을 어렵게 생각하지 않을 것이다.

2. 영어나 미술 등 관심 분야는 있는데, 구체적으로 무엇을 해야 할지 모르는 아이

구체적으로 정확하게 자신의 꿈을 계획하고 실천하는 사람은 많지 않다. 구체적인 계획이 없다고 꿈이 없는 것은 아니다. 그리고 너무 일찍 구체적인 계획을 세운다면 자신의 꿈을 수정하거나 변경해야 할 경우가 생길 때 곤란하다. 그러니 너무 걱정하지 말고 무엇이든 관심을 가지고 열심히 하면 된다. 고등학교 1학년 교육과정까지는 인간으로서 살아가기 위한 기초적인 교양을 쌓는 과정이기 때문에 모든 분야에 관심을 가지고 공부를 해야 한다. 관심 분야의 직업군이나 활동 내용을 탐색하는 과정도 도움이 될 수 있다. 자녀의 성격이나 적성, 가치관 등을 고려해 함께 진로탐색을 해보자. 그리고 여러 가지 체험에 참여해보자. 아주 대단하고 특별한 활동이 아니더라도 자신의 진로에 대해 많이 생각하고 고민하다 보면 구체적인 길이 보일 수 있다. 꿈을 설계하는 시기에는 고민이 많을 수밖에 없다. 자녀가 자신을 믿고 지금 당장 할 수 있는 것부터 하나씩 실천할 수 있도록 돕자.

3. 하고 싶은 꿈이 있는데, 돈을 많이 못 벌 것 같아 걱정인 경우

우선 자녀의 진로 가치관을 점검해보자. 자녀가 금전적인 것보다 자아실현이나 능력발휘 또는 사회적 인정과 같은 것에 더 큰 가치를 두고 있다면 큰 문제는 없을 것이다. 보수가 적어도 자신이 하는 일에서 행복을 느낄 수 있기 때문이다. 그리고 그 일이 정말 보수가 적을지는 알 수 없다. 보편적으로 보수가 적다고 할지라도 차별화되거나 특화된다면, 큰돈을 버는 경우가 많기 때문이다. 미래는 알 수 없으니 미리 걱정하지 않아도 된다. 자녀의 성격이나 진로 가치에 초점을 맞추고, 자녀가 원하는 일에 더 정성을 가지고 준비할 수 있도록 도와주면 된다. 그래도 걱정이 된다면 자녀와 대화를 통해 진정으로 원하는 꿈인지 알아보자. 생활을 할 수 없을 정도의 일이라면 다른 직업으로 경제활동을 하고, 하고 싶은 일은 취미로 하면 어떤지 제안해보는 것도 좋을 것이다.

초등·중학교 사용설명서

학부모 119

제1판 1쇄 | 2020년 12월 25일

지은이 | 서현경, 조은주
펴낸이 | 손희식
펴낸곳 | 한국경제신문*i*
기획제작 | (주)두드림미디어
책임편집 | 배성분   디자인 | 얼앤똘비악earl_tolbiac@naver.com

주소 | 서울특별시 중구 청파로 463
기획출판팀 | 02-333-3577
E-mail | dodreamedia@naver.com
등록 | 제 2-315(1967. 5. 15)

ISBN 978-89-475-4653-9 (43370)